不做准备,就是为失败做好准备。

——本杰明·富兰克林

创业第一步的前1步

——如何成为一个适合创业的人？

创业谋士
刘耕®

从业20多年的品牌策划"老司机"
写给创业朋友们的一封长信

刘耕 著

哈尔滨工业大学出版社

图书在版编目(CIP)数据

创业第一步的前1步:如何成为一个适合创业的人?/刘耕著.—哈尔滨:哈尔滨工业大学出版社,2022.5
ISBN 978-7-5603-9995-9

I.①创… Ⅱ.①刘… Ⅲ.①创业 Ⅳ.①F241.4

中国版本图书馆CIP数据核字(2022)第053960号

创业第一步的前1步——如何成为一个适合创业的人?
CHUANGYE DI-YI BU DE QIAN 1 BU —— RUHE CHENGWEI YIGE SHIHE CHUANGYE DE REN?

策划编辑 李艳文　范业婷
责任编辑 王晓丹
出版发行 哈尔滨工业大学出版社
社　　址 哈尔滨市南岗区复华四道街10号　邮编150006
传　　真 0451-86414749
网　　址 http://hitpress.hit.edu.cn
印　　刷 辽宁新华印务有限公司
开　　本 787毫米×1 092毫米　1/16　印张 17　字数 174千字
版　　次 2022年5月第1版　2022年5月第1次印刷
书　　号 ISBN 978-7-5603-9995-9
定　　价 58.00元

(如因印刷质量问题影响阅读,我社负责调换)

各界推荐

做企业首先应想到的是做长,其次才是做大做强!没有品牌的企业不是真正的企业。准备创业的朋友们请跟着本书一起走向创建品牌的大"道"吧!

——彭小东

中国广告协会学术委员 / 中央电视台《大国品牌》终身顾问

创业这件事,需要底层逻辑,更需要落地方法。

刘耕老师有灵魂,有思想,有创意,还有丰富的实战经验。

这本书通过一个个小故事,把创业逻辑串联了起来,通过一个个案例,阐述了定位、用户痛点、产品竞争力、品牌形象塑造、品牌宣传等实战方法。数学式的推理,散文化的表达,让人耳目一新,不管你是即将创业还是已经在创业路上,这本书都能破解你的卡点,值得一读。

——袁海涛

社群新零售体系创始人 / 中国创新创业大赛评委

创业谋士刘耕老师给我最深刻的印象是"真"!

创业路上最大的陷阱就是不识真假,以假当真,终成遗憾。读此书,有助于在创业路上,借假修真、返璞归真、不失自己!

——胡聪

CCTV-2《创业英雄汇》智库专家

刘耕不仅书法写得好,更是一个好学、上进、有思想的年轻人。

——何昌贵

中国书法家协会理事 / 国展评委

思考问题,要从源头开始;创业要从第一步的前1步做准备。这本书要早点读,慢慢读,反复读。

——王英海

黑龙江三江美术职业学院院长

创业不易，准备好了再出发也不迟。

——柏松
柏记水饺创始人

体育精神，也是创业精神——不忘初心，方得始终。

——武大靖
冬奥会冠军／短道速滑大满贯得主

每一位用心体悟的读者，无论创业与否，都要拿支笔，在刘耕老师讲述的每一个故事里抠出关键词，记在备忘录里，一定有用得着的时候！不枉学以致用，为自己或者创业的朋友"储备"法宝！

——谢韶旺
工学博士／青少年智能技术与创客教育专家

据统计，有90%的初创企业都活不到3年！想要提前躲开创业的各种"坑"，请您读读这本书，可能会对您有所启迪与帮助。

——王焕章
中国广告协会户外广告工作委员会秘书长

刘耕老师助力"李向东叫花鸡"更上十层楼。

——李向东
西安李向东叫花鸡创始人

跟刘耕老师没有唠不明白的事儿。

——张艳梅
盛梅食品品牌创始人

侃侃娓娓，入情入心，以质朴无华的语境为有志者立言。殚见洽闻，旁征博引，以鲜活生动的案例为创业者传道。鞭辟入里，推己及人，以睿智博通的哲思为笃行者催征。对于一切有志创业者来说，这是一部通往成功之路必备的精神宝典。

——朱红赤
国家一级编剧

世界不是有钱人的,也不是有权人的,是有心人的。刘耕就是一个有心人,这本书足以证明。

——赵国春
中国散文学会理事 / 北大荒作家协会主席

说刘耕是个奇才,一点不夸张。

——侯晓波
中国白酒评酒大师

创业迷茫如置身黑夜,不是缺少引路的灯,而是需要一根火柴把灯点亮——刘耕这本书就是那根火柴。

——王智君
知名作家 /《八十一枚金币》作者

序一

"定位定天下,定价定生死。命都没保住,还要什么天下?"能有如此深刻体悟的人,竟然不是一个商界老兵,而是一位日出而作、日落而息的布衣"隐士"。

友人送我一本他的新书,让我读后写个楔子,因此结缘了《创业第一步的前1步》。

这本书里说的,并不是我初以为的"保富法",也不是创业的哪一步,更像是以创业为名写下的个人修行之路。

阅读书稿,我时而陷入沉思,时而笑出声来。在洗练而鲜活的文字背后,我看到了一个自由、有趣的灵魂,看到了岁月沉香、商业实证、道法自然。

有"有"——用知识诠释认知内的事;也有"无"——用智慧启迪认知外的事;还有,人生不同时期都会读到的不同。

列举几个我在书里画线的句子,如:

"教育不是灌满,而是点燃。"

"授人以鱼,还是授人以渔?我更看重于——钓。"

"创新乏力的人，走到哪'大环境'都不好。"

"跟牛沟通得用草，不能用琴。"

"创业，不是创造产品，而是创造'发现'。发现，并不是比谁的眼神好，而是看谁能够把用户放在心上。"

等等。

不需要我写些什么来为这本书助力，因为全书一以贯之，又独段成文，已经完美地呈现了作者的践行和思考。

读后，我给自己留的作业：

1. 再读；

2. 下个项目和刘耕老师合作。

许志强

黑龙江华强集团董事长

2022 年 4 月 29 日

序二

我动手写这本书是在 2016 年,到 2019 年就差不多完成了。

2019 年 12 月 31 日,哈尔滨市图书馆在众创书局搞了一次以创业为主题的跨年晚会,我受邀做主题分享,内容就是这本书。

在准备 PPT 的时候,我产生了一些思考——既然我用 40 分钟就可以讲明白的事情,为什么要写上 20 万字让人浪费许多个"40 分钟"去阅读呢?我的议论是不是太啰唆了?例子是不是太细碎了?故事是不是太多了?我是不是低估了读者的聪明才智?毕竟,时间对于谁都是宝贵的。

想把舒服留给别人,就只能把难受留给自己了。

于是,我决定对已经完成的"长篇大论"进行"手术"。除了中心思想和整体结构是没有变的,我调整了大部分例子和差不多所有的句子。

多亏理性的"小皮鞭"没有放弃,要不然我这个懒惰的"小马驹"早就挣脱缰绳,找个开满野花的小山坡一边吃草,一边晒太阳去了。

停停走走又快两年,才终于有了这本书现在的样子。

我讲这个不是为了别的,就是想讲一下这本书我希望你怎么读。

因为这本书已经挤掉了大部分水分，所以，首先我希望你在阅读的时候是集中精力的。除此之外，在你正式翻开这本书之前，我还有几个小建议：

第一，这本书更适合慢慢阅读，不太适合听。

第二，最好一边读一边联系自身的实际情况。遇到恰好某一句话对自己有所启发的时候就把书放下，去思考自己的事情；如对某些观点有不同的意见，欢迎探讨。

第三，最好从头到尾按顺序阅读，实在没有耐心的话也可以直接看最后"前1步"那一章，但前几章的购书款恕不退还。

最后，当这本书已经被你翻得稀巴烂，边边角角勾勾画画写满了各种颜色的字迹，封皮也破了，你千万不要把它随手一扔，丢进"村东头的厕所"，就请你把它送给别人吧。因为——

这本书，它就希望被人看。

2021年12月18日于钓月山房

目录

第一章　创

　　仓，储备，代表前人的成果。刀，代表自己的工具。创，会意字，简单说就是"拿储备开刀"。

　　这一章谈"创业的准备"。

先讲个故事 /003
创业储备 /007
　　1. 信息 /008
　　2. 数据 /008
　　3. 知识 /008
　　4. 思维 /010
我理解的智慧 /011
"钓"胜于"鱼"和"渔" /015
总结 /016
本章难点 /017

第二章　业

　　"业"繁体写作"業"，会意字。古代覆在乐器支架横木上的板子，用来悬挂钟鼓。本意应该是"担当"，引申为"成就"或"功劳"。

　　这一章谈"创业的成果"。

利用价值 /021
　　1. 学业 /022

2. 专业 /022

　　3. 事业 /022

　　4. 千秋大业 /022

产品，是有用的东西 /023

持续创新 /026

赛道 /032

　　1. 细分，进入小路 /034

　　2. 跨界 /035

　　3. 颠覆行业 /036

　　4. 改行 /038

企业代表谁的利益？品牌代表谁的利益？ /038

品牌思维 /041

　　1. 始于外表 /042

　　2. 陷于才华 /043

　　3. 忠于人品 /043

　　4. 成于追随 /043

看淡成功，拥抱失败 /050

总结 /053

本章难点 /054

第三章　第一步

　　战，从字面意思来看，就是为了"占"有而大动干"戈"。略，左面"田"字指资源，可以理解成目标市场；右面"各"字，是先放弃再选择，各取其一。战略，就是放弃别人的，占领自己的。弱水三千，只取一瓢。只取一瓢，是"放弃"；取哪一瓢，是"选择"。"放弃"不易，"选择"更难。

　　这一章谈"创业的起点"。

用户思维：为什么创业的第一步只能是"确定用户"？ /061

    1. 为什么第一步只能是确定用户？ /061

    2. 定用户就是定品牌战略 /062

    3. 先有产品，还是先有用户？ /063

    4. 先找情敌，还是先找姑娘？ /064

    5. 小结 /067

关键用户：聚焦小众，找到服务对象 /069

    1. 为什么一定要细分市场？一定要服务少数人？ /069

    2. 我们为什么不愿意聚焦小众？ /076

    3. 要"颠覆式创新"，还是"微创新"？ /079

    4. 选择用户，先分贫富 /081

    5. 想找到用户群，先找到一个人 /090

    6. 分析用户 /091

    7. 小结 /092

关键体验：洞察用户痛点，在单点做到"爽" /093

    1. 痛点：发现用户难题 /093

    2. 爽点：创造关键体验 /097

    3. 单点突破，品牌就是独占单一特性 /099

    4. 怎么找到一个突破点？ /108

    5. 小结 /112

关键信号：刺穿他的心 /113

    1. 聚焦认知，一剑刺穿他的心 /114

    2. 一语入心，脱口而出的品牌语言 /127

    3. 一图传神，挥之不去的品牌形象 /146

    4. 把视听信号综合为一个身份标签 /168

    5. 重复：品牌的关键信号不要变，生也不变，死也不变 /176

    6. 小结 /180

总结 /182

本章难点 /184

第四章　的

"前1步"终究还是包含在创业的范围之内，其实还是"第一步"。只是通过"的"来拐个弯，在表达上制造一个陌生感，从而达到引人注意和加深印象的目的。"的"这个字就是为了"引人注意"而故意设计的一个小小的"注意点"。产品不被注意，再好没有意义。

这一章谈"创业的关键"。

意外，创造了注意力 /193
意外，是一种思维方式 /194
意外思维，又是从哪里来的？ /196
公式 /199
总结 /201
本章难点 /201

第五章　前1步

如果"发现痛点"是创业的第一步，那么，"如何发现"就是创业第一步的前1步。痛点到底是如何被发现的呢？我们只有弄清楚了这个事儿，才能成为一个真正的适合创业的人。

这一章谈"创业的心态"。

再说痛点 /205
发现 /206
爱，是一切的答案 /209
推己及人 /218

总结 /219

本章难点 /220

附录

人生的理想——为什么会有这本书？ /225

"放牛娃"不走寻常路 /234

摘抄 /246

致谢 /251

第一章 创

仓,储备,代表前人的成果。
刀,代表自己的工具。
创,会意字,简单说就是"拿储备开刀"。
这一章谈"创业的准备"。

先讲个故事

一只小鸟儿摘下身上最漂亮的羽毛,轻轻地插在另一只小鸟儿的身上。

又来一只,又来一只……

这是鸟儿们致敬英雄的仪式。

在接受了所有的敬意之后,"英雄"抬起头,轻展双翅,一跃站到了树梢上。太阳升起,曙光铺满森林,也打在它的身上——金灿灿如锦缎一般。一时间百鸟齐鸣,叽叽喳喳,一起商量着给它取了一个新的名字——凤凰。

而在这一天之前,它还是一只普通的小鸟儿。

没错,我讲的是《百鸟朝凤》的童话。在这个故事里,有一只小鸟儿,在别的鸟儿玩耍的时候,专心地搜集、储存食物。大家都笑它愚笨,但它我行我素。有一年旱灾降临,当大家再也找不到食物的时候,它打开粮仓,帮助大家渡过了难关。然后,大家便推举它成为百鸟之王。

对这个故事,通常的解读是:一个成功的领导者,要勤劳,要懂奉献,要有战略眼光……但我觉得这些还是不够的,如果要把这个故事讲给准备创业的朋友们听,我想还得再加上一个情节。

在选凤凰成为百鸟之王的一大片呼声里面，雄鹰并没有举手。因为它是上一任的鸟王，"让出位子"难免让它心有不甘，便想刁难一下凤凰。它跳到众鸟中间，啄起一块石头抛到空中，紧接着用一只爪子接住，并嘎吱一声捏得粉碎。大家吓出一身冷汗。就听它说："我知道光有一身蛮力是没用的，我们的王要有智慧。所以，我问它一个困扰我多年的问题，如果它能答上来的话，以后我这一身的力气就随它差遣！"

大家不作声，雄鹰继续说："我们每天都在天上飞，我们对天空再了解不过了，我就问一个简单的问题——天是什么样子的？"

"天是什么样子的？"大家面面相觑。

"真巧，我知道。"凤凰说道。

大家把目光转移到了凤凰的身上。

它温柔地讲了起来："有一年，我到山的另一面去寻找食物，途中又累又渴，便来到一口井边找水喝。一只蹲在井底的青蛙问我从哪里来，我说我是从天上下来的，已经飞了几百里。它不信，说我太能吹牛了。它说它每天都观察天，已经看了大半辈子，可以确定天就是井口那么大的一个圆圈。"

大家沉默。

凤凰接着说："如果我们眯起眼睛抬头看，天就变成了一条线，对不对？所以，一个事物的样子，必定随着观察角度的不同而不同。"

它又说:"庄子说,至大无外,至小无内。你们谁见过?人类所感知的世界只有客观世界的4%。[1]人类从来没有,也可能永远不会彻底认清客观世界。"

凤凰拿起一片叶子,举到面前,又转了半圈说:"这是一片叶子,有人看它像个巴掌,但我看它却是一根线,如果我们都飞到天空上再回头看,它就变成了一粒灰尘。天也一样,每个人看到的都是不同的,但每个人看到的都未必是真实的天。如果你非要问我天的样子,我只能说,天的样子就是你看到它的样子。"

大家跳跃欢呼。有的说,我看到的天是一棵草;有的说,我看到的天是一朵花……

这时候,雄鹰也摘下了自己最爱惜的一根羽毛,拱手交给了凤凰。

青蛙随便说的一句傻话,换个地方,竟然变成了连珠妙语。

坐井观天的事情青蛙不说,我们就不知道。就算我们听青蛙说过,在关键时刻想不起来那也还等于不知道。"识不足则多虑",见多识广对我们这些想创业的人来说,永远都是不够的。

---

[1] 施一公演讲视频链接为https://www.iqiyi.com/w_19sabm940t.html,访问时间2021年11月5日.

进一步说，如果我们没有一颗"好奇的心""谦卑的心"，以及"独立思考"的好习惯，青蛙的傻话是不会在我们的心里留下痕迹的，一笑而过就忘了。

读书不思考，启发一定少。我们试着进入故事里再深入思考一下，应该还会有一些发现。比如，我们看问题的时候最好经常变换视角，因为别人看到的和自己看到的可能不一样，但每一样都是宝贵的。就比如青蛙，它真的以为自己看到的一个侧面就是真相，这一点和消费者对品牌的认知也是一模一样的——消费者只看品牌的展示面。

还有吗？

这个故事还告诉我们，没有标准答案的才是好问题。
苏轼说："不识庐山真面目，只缘身在此山中。"
王安石又说："不畏浮云遮望眼，自缘身在最高层。"
还有王阳明的一句话："……你未看此花时，此花与汝同归于寂；你来看此花时，则此花颜色一时明白起来。"
…………

如果你也是个爱思考的人，这时候合上书，你还会想到些什么呢？

到底什么样的人，才是适合创业的人？

创业储备

创业，如果把别人的产品、技术或模式直接拿过来简单模仿照搬，是不会有前途的。哪怕站在巨人的肩膀上进行一点微创新也好，我们总归要做点什么，才能体现我们的价值。利润，是对创新的奖励。如果别人做的我们重复做，我们能做的别人都能做，那有别人就行了，要我们干什么呢？

因为工作的关系，我平时接触很多做生意的朋友。那些经常换项目换行业的买卖人自不必说，单说有事业理想的人里面，就经常有这样的情形——要么他们怎么想也想不出什么好主意来；要么绞尽脑汁终于想出了一个创新的方向，正准备撸起袖子大干一场的时候，却发现他想出来的点子早就过时了。无奈之下，只能继续抄袭复制别人，继续踩别人的脚印。

这都是储备不够造成的。

所以说，作为一个有志于创业的人来说，模式创新也好，产品创新也好，营销宣传上的创新也好……离开储备都是不行的。

那么，一个创业者所需的储备都包括什么呢？

1. 信息

比如，市场上同类产品或服务的功能特点，目标用户的信息，同行企业信息，政策趋势，等等。这个很好理解，没有人会对一个行业一无所知就盲目进入吧？

2. 数据

数据，就是经过整理的信息。

3. 知识

知识，是数据的使用方法。可复制的方法，可传播的学问，公式公理，各种直接经验、间接经验……凡是可以讲明白，可以学会的都可以算在这里面。简单地理解成"书本知识"也可以。

知识当然是顶重要的，但如果仅仅把知识像保存到 U 盘里一样存在我们的脑子里是没有用的。

说到这，就必须给之前的故事再加个续集。

话说百鸟朝凤大会结束后，百鸟各回各家。

一只小乌鸦顶着正午的太阳，赶了几百里路，口干舌燥。它也发现了凤凰说的那口水井，便下来找水喝。它站在井沿上，往下一看，井底有水，但井很深。它几次试着把头伸下去，始终没有成功，因为差得太远了。

正在这时，它突然想起来乌鸦爷爷曾经讲过"把石子填进水瓶就能喝到水"的好办法。它喜出望外，便开始往井里扔石子。

青蛙正在睡午觉，被石子吓醒了。了解了小乌鸦的意图之后，青蛙告诉它这个办法行不通。青蛙说："石子太小了，不等你把这口井填满你就累死了。我听一只小鸟儿说，外面天大地大，你们连天大的事情都知道，怎么会不知道井底这么小的事情呢？"

但小乌鸦很执着，因为它相信爷爷是绝不会骗它的。

它继续往井里扔石子。

最后，它累死了。

培根说，知识就是力量。一个人掌握了知识，是不是就有力量了呢？刘耕和韩信都掌握了"兵法"，是不是我就可以在战场上打赢韩信了呢？"兵法"是死的，想要赢，那得看谁用得好。所以说，光拥有知识还不够。知识都在图书馆里，谁肯学都可以学会。明明都掌握了同样一个知识，韩信也用，我也用，但韩信赢了，我输了。运用之妙，存乎一心。这不是知识的问题，是如何使用知识的问题。兵神，根本不是学来的。

竞争力不在知识，而是知识的运用。

4. 思维

如果说知识就是指可以学会的方法或道理，那么如何结合自身情况恰到好处地运用这些知识和道理，就是你的思维。思维，就是运用方法的方法，运用道理的道理，运用知识的知识。思维不是"怎么办？"而是"为什么怎么办？"

教育界有一句很著名的话："教育不是灌满，而是点燃。"如果灌满的是知识，那点燃的是什么呢？还有一句："把所有学会的知识都忘了，剩下的就是教育。"知识都忘了，剩下的是什么？

是思维。

知识当然重要，但思维更重要。如果一个人真的能够把每个知识都运用得恰到好处，每个方法都发挥到极致，我觉得这就应该叫智慧了。

而我还从来没遇到过一个这样的人。

我理解的智慧

智慧不能讲授，只能启发；不能学习，只能领悟。

"智慧"这个词特别玄妙，特别高大上。搞得我敲下这两个字的时候，都有点心虚，不敢大大方方地谈论它。好在按前面的逻辑——智慧是思维的结果，思维是智慧的过程。所以，我可以谈一谈我个人对"思维"的理解。

信息、数据、知识这三点都比较容易获得。信息、数据都可以轻易地观察到或者买到。关于管理、营销、产品的知识也十分丰富。只有"思维"在财经类的书籍里不太常见。

我女儿刘果,在读小学四年级。有一次送她上学,路过某高中的时候,我问了她一个问题——希望将来在一个好高中当最后一名,还是在差高中当第一名?

她琢磨半天说,宁肯在好高中做最差。

我又问,等你退休了,闲不住还想找点事发挥专长,要去小公司当暗处的一盏明灯,还是去大企业里做沧海一粟?

她又想了好一阵,说,难道是小公司?

听语气就知道了,她也明显感觉到这两个回答背后"牛头凤尾"的选择逻辑不同。于是,我解释说:"你回答什么并不重要,关于价值观的问题都是没有标准答案的,但是你能分开考虑两个问题,非常好。学习的时候,目的是个人成长;养老的时候,目的是释放能量。两种状况,要分别对待。条件变了,规则就得变。所以,所有道理,前面都要加上'在××情况下'来思考,你才是道理的主人,否则就是道理的奴隶。"

她说,知道了。

我又问她,有两句谚语,一句叫"众人拾柴火焰高",一句叫"九龙治水不管事"。你想想这两句话区别在哪儿?

她不作声。

走着走着,就到学校了。

我问她，想明白了没有？

她回答，明天不让你送了。

　　思维，可能是只有人类才具有的高级认知活动。我们在学习、工作、生活中遇到了什么问题，总要"想一想"，这种"想"就是思维。"多想一想"，总比"少想一想"好。或者简单说思维就是"思考+维度"。所以，思维在每个人的心里面，人人不同。这种不同，就可以叫作各有各的思维方式。

　　我们平时说的××思维，就是指一个人遇到问题，总是用××来提出问题并解决问题的思考方式。比如，诗人要用形象思维。形象思维，就是指诗人遇到问题，总是用形象来提出问题并解决问题的思考方式。同样，逆向思维，就是指一个人遇到问题，总是反过来提出问题并解决问题的思考方式。故事思维、数据思维、强盗思维……莫不如此。

　　思维方式越多样就越好。原因很简单，单一的思维模式，容易偏执。所以，所谓的思维能力，就是指我们要时刻提醒自己——看待一件事情多换几个角度，用客户视角看一下想一下，再用敌人视角看一下想一下，再用上帝（指设局者）视角看一下想一下，正面看一看，反面再想一想……

高手的思考，深入而多元；普通人的思考，肤浅而狭窄。

很可惜，世界上绝大多数人，只要不让他思考，让他干什么他都愿意。这一点，也不难理解，我们的大脑在进行思考的时候需要燃烧很多的血糖，出于"经济"的考虑，大脑会把一些证实过的可信的结论封装起来，留着下回直接调用。毕竟每次都"跑"一遍确实很"费油"。

这种不经大脑就轻易得到的结论，实际上就是惯性或者直觉产生的，很多时候是靠不住的。有一些阶段性被证实的结论变成了概念或定理，在另一些时候其实已经不适用了，如果我们不动脑就直接使用，也是要吃亏的。创业者必须克服这种懒惰。

所有的道理，都要看使用状况。

合适的烂知识，胜过不合适的好知识。

其实在这里我很想讲一下《小马过河》的故事，想想还是忍住了。一来，有凑字数的嫌疑；二来，显得这本书不太严肃。从下一章开始，我也不会再"编瞎话儿"了，凡需要例子，都尽量用我做过的策划案例取而代之。

但还是要强调，我真的觉得人类所有的智慧都在童话里讲完了。甚至可以说，像《盲人摸象》《小猫钓鱼》《狼来了》《三个和尚没水喝》《南辕北辙》《对牛弹琴》《拔苗助长》《滴水穿石》……这些小故事所带给我的深刻启发，充满了本书后面的章节。我得坦白，这本书其实没有什么惊人的新发现，没有什么前无古人的理论或观点。只是在把这些浅显的小故事和创业"串"起来的时候，显得有了一些新鲜感。

或者这个"串"起来的过程，正是本书的意义所在。

"钓"胜于"鱼"和"渔"

在动手写这本书的时候，我耳边时不时想起出版社李艳文老师的话——书要给人帮助，别人读了一定要有用。

一本书，到底应该给读者什么，能够给读者什么呢？

在看了100本关于钓鱼的书之后，我们能不能坐家里等到很多的鱼？我在书里记录具体的案例，讨论抽象的方法……都不能代替读者自己在实践中的思考。

从知道到做到，是世界上最遥远的距离。关键还在读者自己。

授人以鱼，还是授人以渔？我更看重于——钓。

总结

"巧妇难为无米之炊"，这是"仓"的问题；"手巧不如家什妙"，这是"刀"的问题。在准备创业之前，必须先问问自己，作为储备的"仓"和作为工具的"刀"我们都准备好了吗？准备好了还不够，更重要的是，得要有本事"巧"用它们才行。

"仓"，就是"好奇心"。好奇心这种药专治"视而不见"的病。

"刀"，就是"金刚钻"。没有金刚钻就别揽瓷器活。

"巧"，恰当地使用"储备"和"工具"。知识、见识都是死的，能把它们用得好、用得巧才是真本事。

本章难点

这世界是由少数精英和多数普通人组成的,不一定所有人都要有伟大的志向。就比如"创业谋士刘耕"这家伙吧,从小就懒散,所以从来也没敢想过"这辈子要不要去干一番丰功伟绩"的事情,努努力能当上个快乐的"自了汉"就不错了。谋士想抢主公的活儿,是不道德的。如果你也和我一样既无心改变世界又不求光宗耀祖,只图个自食其力养家糊口,门槛自然没有这么高。

这一番"创"的道理,是给有抱负的同学讲的。

但无论如何,学习和思考对一个人来说总归是有利而无害的吧?

风物长宜放眼量 / 刘耕

第二章　业

"业"繁体写作"業"，会意字。古代覆在乐器支架横木上的板子，用来悬挂钟鼓。本意应该是"担当"，引申为"成就"或"功劳"。其实"业"就是指一个人的所作所为。所作所为，也许是功劳，也许是苦劳，也可能徒劳。或者比徒劳更惨——只是在给别人制造麻烦。

在佛教里面把一切想法和所说、所做统称为"业"，作恶、行善都有对应的"业报"。按这里的意思，可以把"损人利己"的行为叫作"业障"，把"成人达己"的做法叫"创业"。

也可以用企业财务报表里的"资产"或"负债"来理解"业"。企业的所作所为对社会有贡献，"业"就是资产；否则，就是负债。

管理学大师德鲁克说过，企业是社会的器官。器官必须要有用，没有用的器官要么早就被自然淘汰了，要么就被手术刀割掉了。我们创"业"，就是要把企业做成一个对社会有用的器官，而不是成为一个毒瘤。

这一章谈"创业的成果"。

利用价值

或者更无情一点,可以把"成果"说成是企业的"利用价值"。

亚当·斯密讲过一个故事:

有一个英国绅士,在电视上看到一条新闻,说遥远的地方发生了地震,并且死了几万人。他首先翻开地图找到该地方的位置,看看地震是否会影响到自己。一看离英国很远,就放心了。之后,他可能象征性地表示一下哀悼,比如点根蜡烛之类的。然后,他就该干什么干什么去了。但如果这时他不小心划破了手指,他则会立刻放下手里的一切,为这个伤口做点什么。

几万人的生命,不如自己的一个伤口重要。

人的感情,会随着人与人之间距离的变远而减少。所以,要想把产品卖到更远的地方,卖给更多的陌生人的时候,那些人跟你就谈不上情分、谈不上哥们儿义气。感情,就不灵了。没有人创业就是为了把产品都卖给亲戚朋友吧?在陌生人的世界,讲的是各取所需,是"拿人钱财,替人消灾"。所以,在商业里谈"业",用"利用价值"这个词是更准确的。

"商"这个字本来就有"讨论价值"的意思。商业文明,不是舍己为人,而是成人达己,是共赢。交情是近距离的事,如果交情永远有用,还发明钱干什么?在商业上,没有"利用价值"就没有参赛资格。

利用价值都有什么呢?

1. 学业

这是利用价值的准备阶段,还不能被人利用。

2. 专业

已经掌握了一技之长,可以被一个团队利用。

3. 事业

创造出某种新鲜的特殊的产品或服务,能被社会利用。

4. 千秋大业

为人类做出贡献,被后世利用。

事业，提供某种新鲜的特殊的产品或服务，这里说的"新鲜"和"特殊"很关键。企业能被多少人利用，就说明企业有多大的能耐。如果我们的活儿别人轻轻松松就能干，那我们的产品或服务就等于没啥用了，我们的企业肯定活不久，至少活得很累。

在所有骂人的话里面，我想最难听的，就是——没用的东西。

产品，是有用的东西

这里就要引出"产品"的概念。

产品，首先是有人愿意用钱买的东西。人们愿意花钱买一个产品，肯定是因为他有个问题需要解决，所以产品的本质是为某一个用户难题而提供的解决方案。营销行业流行一句话，说得好——人们并不是要买一个电钻，而是他们需要一个洞。产品，是一个"用户难题"的解决方案。

所谓的竞争力，就是指我们提供的解决方案比别人好。

【案例】

字汇人生练字学堂是在连锁店开到200多家的时候，意识到品牌应该系统地升级一下了，于是联系到我。在我们第一次碰撞思路的时候，我很意外地了解到练字这个行业的状况——基本上所有练字品牌的价值定位都是模糊的，甚至有的完全是假大空的。我们找到了国内练字品牌top10，分别看了一下他们的品牌主张，比如有"做最美中国人，写最美中国字""写好中国字，助推中国梦""一笔好字，一生好运""练字终点站""你身边的练字专家"等等。

乍一听，他们讲这些好像蛮高大上的，但是如果我们试着把这些品牌主张放到销售人员和客户的沟通场景里，就会发现问题很严重。

"家长，你好，把孩子送我们这来练字吧！"

"为什么？"

"把字写好了，做最美中国人啊！"

"我还有事，先走了……"

产品（或服务）是有用的东西。家长肯掏钱让孩子练字，绝不是因为他想让孩子成为一个美丽的中国人。所以，我们绝不能这样介绍自己的产品。

经过反复研究商讨，最终我们找到并确定了品牌的"利用价值"——帮助孩子提升卷面书写分，做中小学生作业书写美观度和速度的提升专家。

最后，围绕这个核心价值，我给品牌做了整体的形象包装。

（见插图：字汇人生练字学堂）

字汇人生
正姿练字学堂

卷面书写提分专家

字汇人生练字学堂 / 刘耕工作室品牌策划作品

我写这一段文字的时候是 2020 年。突然间有个叫"钉钉"的 App 火了，因为它在办公场景下比微信更好用。如果人们对幸福生活的追求是永无止境的，那么人们等待解决的难题也是无穷多的。所以，实际上创业的机会遍地都是。如果一个人感觉到生意越来越难做，要么就是别人太用功，要么就是他自己太不努力了。创新乏力的人，走到哪"大环境"都不好。

怪别人，总不如怪自己。

持续创新

产品，是一个"用户难题"的解决方案。
而企业，就是找到难题并创造解决方案的人（虚拟法人）。

一个企业靠什么持续增长？靠什么基业长青？熊彼特说，企业家就是创新者。作为一个企业家就要不断地为社会创造价值，然后社会就用利润来奖励他。当我们的创新被别人追上了，我们的利润就没了。创新停止，创业结束。我们必须拼命奔跑，才能站在原地。

关于永续经营的问题，实在是用不着搬出这么大一个专家来，其实"猪"就能回答得比较好——只要有人在，猪就不会灭绝，因为很多人要吃猪肉。

我们来看一看"猪"都为"用户"做了些什么努力？

家猪和牛、羊等产肉家畜相比，具有产仔多、出肉多的总成本领先优势。所以猪自古以来都坐在"第一家畜"的位置上。甲骨文的"家"字，就是一个房子里面一头猪（豕）。另有一种美国白猪，多瘦肉，生长较快；还有一种东北黑猪，味道奇香，但生长较慢。这两种猪为少数有偏好的人提供了更好的选择，可以说是一种产品的特性价值创新。

家畜里分化出了家猪，家猪里面又分化出了美国白猪和东北黑猪。而且，猪的分化还在继续。

从猪的例子，我们可以看出来，创新的结果是分化品种。因为分化后才能为不同人群提供专门的解决方案。从服务大众，到服务小众，偏好产生了分化。所以，商业上，产品价值创新的方向总体上是分化出新的品类。

再拿汽车行业举例子。汽车首先分化出了卡车、越野车、客车、轿车，然后轿车又分化出豪华轿车、家用轿车、安全轿车。一旦认准了用户需求，就要持续创新，把一件事做到底。安全轿车的代表沃尔沃就做得很好——安全带就是沃尔沃发明的。不仅如此，为了用户的安全，沃尔沃还先后研发并安装了诸如车外气囊、城市路况分析系统等多种主动的与被动的安全保护装置。

我也服务过一个汽车品牌"原派技术"，品牌主要研发方向是"节能"。我们提出了一个口号——让蓝天更蓝计划。品牌立志在"节能"上有一番作为，因为现在仍在攻克技术难关，这里就不多介绍了。

（见插图：原派技术）

创业的过程，可以简单地理解成我们首先认准了一个用户难题，然后集中资源去解决这个难题，并持续创新的过程。

【案例】

在我们这个小城市，卖软装配饰的商店很多，但像印象家居这样后来居上、异军突起的可不常见。早在创建之初（2015 年夏），我就给品牌找到了一个竞争

原π·技术

让蓝天更蓝计划

原派技术 / 刘耕工作室品牌策划作品

价值点，叫——懂你的产品会设计。

这句话到底有什么神奇之处呢？

举个例子吧。有一个顾客，为了给新房子买一幅画已经走了好几家商店。那些售货员，有的介绍画的内容和寓意，有的介绍材质和做工，有的给出很低的价格……他们费了很多口舌，但顾客始终没有下单。问题出在哪里呢？再看看为什么到印象家居之后，他就会开开心心地把一幅画买回家，你就明白了。

他一进屋，售货员心里先默念一遍"懂你的产品会设计"，然后迎上前去。在了解到顾客是想给新家选一幅画之后，他会这样问这位顾客："请问您有室内的照片吗？我看一下您家是什么风格。"

顾客说："装修是中式风格的，沙发是棕红色。我想在沙发的上面挂一幅画……"

继续深入沟通一番，搞清楚了墙面颜色、尺寸以及全屋的环境气氛之后，售货员说："您是个文人吧？请跟我来，楼上有一幅暖色调的吴昌硕的水墨小品，您看看喜不喜欢。"……

知道区别在哪里了吧？顾客不是来买画的，实际上人家想要的是设计自己的家。印象家居的售货员，首先就是个家装设计师。竞争力体现在这里。

（见插图：印象家居）

这个案例和本节的主题"持续创新"有什么关系？品牌价值，是一个可以集中资源不断优化的点。只是单纯地卖货，商家就不需要坚持做什么了；但如果想给每个顾客的家都提供最合适的产品，努力就停不下来。

懂你的产品会设计

印象家居 / 刘耕工作室品牌策划作品

总之，创业没有一劳永逸，只能持续创新。只有"有人一直离不开你"，才是企业永续经营的"溜光大道"。

这样为了满足一个需求而不停努力，是品牌的持续创新。不停地为新需求创建新品牌，则是企业的持续创新。企业要为不同的需求创建不同的品牌，这就谈到了赛道的问题。

赛道

还是拿猪举例子。

猪，是自然的产品；牛羊是竞品；猪、牛羊的进化，是自然的创新。

生猪，是养猪场的产品；别人养的猪是竞品；让自己的猪更受欢迎，是养猪场的创新。

猪肉，是猪的产品；牛羊肉、鸡鸭鱼肉是竞品；让自己的肉更受欢迎，这是猪的创新。

红烧肉，是一个饭店的产品；别家的红烧肉是竞品；让自己的红烧肉更受欢迎，是这家饭店的创新。

饭店，是某个餐饮企业的产品；别的饭店是竞品；让自己的饭店更受欢迎，是这家餐饮企业的创新。

企业，是某个创业者的产品；别的企业是竞品；让自己的企业更受欢迎（指投资人），是这个创业者的创新。

这就是企业、产品、竞品和赛道之间的关系。

品牌是在同一个赛道上的竞品之间找到或创造自己的存在价值。谁稀缺，谁强势；谁有绝活，谁赚大钱。如果赛道和竞品找不对，就没法扬长避短，无法确定自己的位置。查理·芒格说："不要拿着祖传的锤子，到处寻找钉子。"把它和锤子放一起，它就是个旧锤子；和古董放一起，有可能还是个宝贝。所以拿着锤子去找钉子，不如去找收藏家。锤子也怕入错行。

找错了竞品，意味着无效创新，意味着后续所有的努力都是徒劳的。找对了同行，意味着找对了用户，意味着找到了方向，商学院里通常把这个方向叫作赛道。进入正确赛道是品牌持续创新的前提。

当我们在这条赛道上已经被甩得太远，抑或是我们发现在这条赛道上永无出头之日的时候，这条赛道就不适合我们了。我们就必须放弃这条赛道，给品牌重新找一条自己有优势的、对自己更有利的赛道。最好是自己做开创者和领导者，让一帮兄弟在后面跟着跑。这里先说选赛道的问题，至于竞争和输赢的规则我们留在下一章继续研究。

如果品牌必须换一条新赛道，该怎么办呢？

1. 细分，进入小路

品牌在原有赛道上继续细分用户、细分品类，通过缩小范围来找到自己的优势位置，可以叫作纵向分化。洗发水—去屑洗发水—男士去屑洗发水……这种创新属于纵向分化。

2. 跨界

当某个行业竞争非常激烈的时候，纵向分化也很难找到机会，我们则必须突破赛道的界限，进行跨行业、跨品类的创新，这种创新叫作横向跨界。雪碧洗发水—无硅油洗头水—DIY涂鸦洗发水—中药防脱洗发水……属于横向跨界。

【案例】

竞赛思维是，我要和你比赛，努力比你做得更好。竞争思维是，你无我有，你有我换；是不和你比赛，找条新路。拿白酒产品来说，"你好喝，我更好喝；你不上头，我更不上头……"，这是竞赛思维。

白酒品牌的竞争价值怎么找？想在白酒的赛道里面挤的话，是基本上没有位置了。但如果换个赛道，那天地就宽了。比如，转个弯去"酿白酒的地方"做品牌，就是个不错的选择。下面我就讲一讲"兵团酒庄"的策划案例。

兵团酒庄是怎么找到竞争价值的呢？想要给兵团酒庄找到自己的独特位置，首先得搞清楚两个问题——我是谁？和谁竞争？

我是谁？我是绥滨农场龙门福地白酒庄园。是酒庄，是造酒的地方（不是酒）。和谁竞争？和黑龙江省内白酒厂竞争。大家都有着同样的环境，酿同样的酒，我们和黔酒、鲁酒、苏酒、皖酒属于不同品类，竞争不着。

和省内白酒厂竞争我们有什么优势呢？

首先，黑龙江的酒厂做体验式文旅酒庄的非常少。我们做酒庄，竞争范围就缩小了。然后再进一步缩小范围，我们发现在黑龙江的几家酒庄里面，根本就没有做农垦兵团文化和旅游的。"农垦兵团文化"这个空位正好给我们留出来了。

所以，我们就做——传承和记录农垦兵团精神的文旅酒庄。

2021年，国有农场企业化改制结束，宣告北大荒农垦时代成为历史。兵团酒庄以此为契机，立志做拓荒精神与北大荒文化的记录者和传承者……1968年6月18日，毛主席批示黑龙江生产建设兵团成立，2021年6月18日为兵团酒庄的生日，我们拟将每年6·18作为兵团酒庄的店庆日，名为"兵团节"。

一个难题，往往无法在它自身的维度里找到完美的解决方案。卖白酒，我们没有办法扬长避短。所以，我们只能卖好白酒了！什么是好白酒？当然是纯粮酿造的白酒呀。我们把酿造白酒的地方做好了，白酒自然就好了。而且，销量已经证明了这一点。

（见插图：兵团酒庄）

3. 颠覆行业

如果为了更好地满足一个需求而彻底改变某产品，这种破坏性创新就得叫"颠覆"了。颠覆式创新，是创新的最高境界。让我们大胆假设一下，将来会不会有一种能代替洗发水的吹风机呢？

兵团酒庄

· 为拓荒者干杯 ·

兵团酒庄 / 刘耕工作室品牌策划作品

4. 改行

丢下包袱,重新创业。看好趋势,找准时机,登上时代的便车,"好风凭借力,送我上青云"。

企业代表谁的利益?品牌代表谁的利益?

带货主播代表谁的利益?

如果主播代表企业,去帮企业掏消费者的钱,会死很惨;如果代表用户,去找企业给用户争取更大的利益,会活得很好。

品牌对于企业来说,也是类似"主播"对企业的角色。

企业,代表投资人(最终获益人)的利益;品牌,代表消费者的利益。所以,企业策划是给投资人做的,品牌策划是为消费者做的。虽然有时候企业和品牌像是一回事,但二者根本立场是不同的。

我们来思考这样一个问题——如果企业想健康发展，是"用户不变企业变"，还是"企业不变用户变"？用户不变企业变，就是用户固定、需求固定，企业不断优化产品和服务就行了；企业不变用户变，就是企业服务固定、技术固定，不断地流失老用户再寻找新用户。当然是用户不变企业变，才是正途。因为品牌是代表用户利益的，是用户的利益代言人，所以伤害用户就是伤害品牌，伤害用户和伤害品牌是一件事。

你可以把品牌理解成企业交给消费者的一个"人质"，如果企业做出了损害消费者利益的事，消费者就靠品牌来惩罚企业。把品牌这个"人质"放在消费者手里，企业就会时时刻刻提醒自己，消费者才是自己的衣食父母。

有品牌，你可以毁我声誉；没品牌，骗完就跑。

不想创建品牌的企业，就是一个替投资人赚钱的工具。不论是创业者，还是投资人，只要有一点长远打算，都会选择让企业"放长线钓大鱼"，而不是"杀鸡取卵"，都会选择创建品牌。为用户，也为自己。

本书所指创业，专指创建品牌。为了创建品牌而创建企业的人叫"创业者"；从没想过要创建品牌而创建企业的人，我觉得叫作"买卖人"

更为恰当。创业者开发的产品，都会尽量突出品牌；买卖人的产品，一般会弱化商标。本书假设读者为"创业者"，有一些内容对纯粹的"买卖人"来说，可能不太适用。

品牌和企业都是会死的。有时候企业死了，但品牌还活着；有时候品牌死了，企业还活着。品牌的命只有一次，死了就没了；企业却可以通过创新来革自己的命，获得重生，然后继续创建新的品牌。

企业靠"变"求生，品牌靠"不变"求生。企业不求变，产品就会落后，也就活不下去了。品牌是在消费者心里长出来的，大家认定你是什么，你就做什么；你变了，品牌就没了。

品牌，是产品的牌子。但实质上，品牌代表的是企业为了一个用户难题而不断优化一个产品所做的努力。做品牌的过程，就是企业向消费者"做出承诺，履行承诺"的过程。用专业一点的话来说这个努力的过程就是使命。使命，就是"这条命"让用户怎么"使用"。使命，是品牌活下去的理由。能轻易完成的使命都是烂使命，永远完不成的才是好使命。使命存，品牌在；使命止，品牌终。未完成的使命叫使命；已完成的使命，叫作墓志铭。

品牌的寿命，在用户那边取决于难题还是否存在，在企业这边取决于努力是否继续。企业的寿命，取决于旗下品牌的生命力。

产品，是一个"用户难题"的解决方案。

企业，就是找到难题并创造解决方案的人。

品牌，就是企业愿意为了用户难题持续创新的"承诺状"（或者叫保证书）。

而创业，就是不断地寻找难题，再不停地创建品牌的过程。

品牌思维

这一章的主题是"业"。从我的角度看，"业"就约等于"品牌"，"创业"就约等于"创建品牌"。品牌，是企"业"的结果，也是创"业"的结果。"业"，是思想、行为、语言、形象的总和；品牌，也是思想、行为、语言、形象的总和。"业"有恶业，品牌有坏品牌。

在生活上，和品牌最接近的词，就是声誉或名望。声望有四美，即——形象美、语言美、行为美和心灵美。这四美，也正是品牌的四要素。前面说了，品牌是代表消费者利益的，创建品牌工作也是围绕消费者利益展开的。在这里，我把"品牌"比拟成一个"人"，从四个方面说一下创建品牌"为用户着想，创造用户价值"所做的努力。

1. 始于外表

（1）视觉颜值，对应形象美。

好看又特别的外观。从用户价值来说，好看是为了养眼，还能为用户节省找到你的时间。如果你的产品不好好设计一下形象就拿出来卖钱，就像一个人蓬头垢面去会客，是对人的不尊重。

（见插图：国内城市旅游 LOGO 颜值对比）

（2）听觉"言"值，对应语言美。

不仅要浅白好懂，好听好记，说起来顺溜不拗口，还要有趣一点、特别一点。如果你的产品名字、口号或者简介装腔作势、粗制滥造，同样很不礼貌。

（见插图：国内城市旅游口号"言"值对比）

无形象、平淡无奇，是表达的失败。

2. 陷于才华

对应行为美。

提供独家技术、独家配方，用独门绝技轻轻松松地帮用户解决难题——没你可怎么办？

无区别，创新不足，是行动的失败。

3. 忠于人品

对应心灵美。

真正把用户放心上，才能给他们安全感。闭眼睛买买不错，要的就是放心。

无诚信，心术不正，是态度的失败。

4. 成于追随

以上三"于"（始于外表、陷于才华、忠于人品），四"美"（形象美、语言美、行为美、心灵美）都做得到，做得好，就能换来用户的追随。

用户追随了，也就是声望建立了，也就是品牌建立了。之前消费者是上帝，你追他；现在你是神，他"粉"你。

无品牌，用户无感，是创业的失败。

（见插图：大文化主义品牌建造品牌观）

始于外表、陷于才华、忠于人品这三点，又分别对应了美、真和善。我们知道，真善美是文艺的最高追求，是文化的最高准则，也是人类文明的最高境界。可见有人说"世间学问最难难不过创业"，此言非虚。

巧的是，始于外表、陷于才华、忠于人品这三点，又分别对应了由表及里逐步征服一个人的"感官需求""生理需求"和"心理需求"三个层次，而最终的成于追随，就是达到了彼此在精神层次上"握手言欢"的境地。你看，创业这门手艺，真的是搞定人、搞定自己的无上学问。

从商业上讲，我觉得成交一共有三大障碍，分别是，不注意我们、不记得我们、不相信我们。这三点，也正好对应了品牌的始于外表、陷于才华、忠于人品。所以说，"如何引人注意？""如何强化记忆？""如何变得可信？"，阻碍成交的这三座大山，用品牌思维也可以一一铲平。

精美+特别
一眼就能认出来
节省找到你的时间

平常的大多数
我觉得，这些都不太鲜明！

国内城市旅游 LOGO 颜值对比

简单+有趣

脱口而出
很容易就讲给别人听

新疆：掀起你的盖头来

北京：不到长城非好汉

广州：一日读懂两千年

泰安：登泰山，保平安

平常的大多数

我曾尝试着记住其中某句话，隔一天再去想，结果怎么都想不起来，更别说去跟别人口口相传了！

林州：天河之韵，太行之魂

开封：七朝古都水映菊，寻梦北宋到开封

秦皇岛：长城滨海画廊，四季休闲天堂

南昌：樟魂水韵，灵秀南昌

景德镇：景象万千，德广无垠，镇动世界

南京：江南佳丽地，金陵帝王洲

宁波：东方商埠，时尚水都

南宁：绿城寻歌壮乡情

长沙：多情山水，璀璨星城

三明：走进多情山水，拥抱绿色三明

太原：唐风晋韵、锦绣太原

东营：齐鲁神韵，豪情山水

宜昌：金色三峡、银色大坝、绿色宜昌

汕头：海风潮韵，世纪商都

国内城市旅游口号"言"值对比

大文化主义品牌建造的
品牌四"化"分别是：
符号化、差异化、人格化、神化。

大文化主义品牌建造品牌观

可以得到结论，品牌思维就是把"为用户着想"的思维做到了极致的思维。为了用户，也为了企业，品牌非做不可。还记得上一章说思维的定义吗？品牌思维，就是用品牌提出问题并解决问题的思考习惯。可以肯定，"品牌思维"如果被某个男同学给活学活用了，并把它运用到终身大事上，就算再高傲的姑娘，恐怕也难以招架得住。已经有了新的名词，管这些"男同学"叫"个人IP"。

创业的成果是什么？创业就是先找到某些人的某一个需求并创造一个"独门技艺"，然后通过"行动""语言""形象"表达出去，让他们知道，让他们相信，让他们追随。品牌成于追随，所以创业就是创建品牌。品牌是绝技、名气、信赖、声望等无形资产的总和。没有无形资产的人，是个泥人；没有无形资产的企业，是没有灵魂的企业。品牌思维，就是积累无形资产的思维。

（见插图：大文化主义品牌建造品牌自测"体检表"）

而如何创建品牌的问题，用户、需求、行动、语言、形象……则是下一章的内容。

	项目	内容	得分
策划	**品牌价值锚** 存在理由	为什么没你不行？ 答：_____	_____分 唯一 +4 领先 +2
	品牌气质 人格化	品牌想给人留下什么韵味？ 答：_____	_____分 鲜活 +2 特点 +1
设计	**心灵美** 使命、理想	品牌的使命？ 答：_____	_____分 利人 +1 利己 0
	行为美 价值观、作风	品牌稳定的做事风格？ 答：_____	_____分 切题 +1 跑题 0
	语言美 口号、故事等	一句话、一个故事说动消费者？ 答：_____	_____分 切题 +1 跑题 0
	形象美 符号、环境等	有既好看又难忘的LOGO吗？ 答：_____	_____分 切题 +1 跑题 0
		总分：_____分（满分 10 分）	

大文化主义品牌建造品牌自测"体检表"

看淡成功，拥抱失败

有一次，在胡乱翻什么书的时候，我看到了张九龄的一句诗："草木有本心，何求美人折？"十分感动，一冲动就买了盆兰花回来。

兰花刚到手，我就"披星戴月"地跑去菜园子挖了些新土给它换上，还施了肥，并把它摆在了离太阳最近的绝佳位置上。然后，便隔三岔五地给它浇水，并留心观察它的动静——希望在某个阳光明媚的早上，突然发现它竟然开出来几朵香气扑鼻的小花儿。

我曾看到，花盆里长出了一种三瓣叶子的野草，一丛四五棵，慢慢长大，然后开出了紫色的小花。思考再三，我一狠心把它拔了。毕竟我想要的是兰花。

一年过去了，又一年过去了。

我摘掉了三瓣叶子开紫花的；摘掉了三瓣叶子开黄花的；摘掉了各种开花的，各种不开花的……但丝毫不见兰花有打算开花的迹象。

人说兰花是四君子之一，但我没想到君子这么难伺候。终于耐心耗尽，我把它搬到了屋外的一个墙角。没几天它就自行了断了。

那些曾经想和它较劲的野草，也都死了。

本以为，这个故事里没有赢家。

又过了一年之后的某一天，我竟然看到，在这个花盆上长出了一小堆苔藓。

我们创业者就像花盆里的那些草一样，为了成功绞尽脑汁。但我们的命运却完全掌握在布局者（养花人）的手里。在大环境、大趋势面前，我们真的不应该也不能太自信。人类一思考，上帝就发笑。

那怎么办，我们总可以揣摩"上帝"的心思吧？可以。但是，"上帝"喜欢掷色子。有时候我们刚刚摸着点儿"谱"，他却换"调"了。我们可以去猜测"趋势"，但永远得不到"确定性"。

苔藓赢了吗？它以为是自己有本事，其实只是环境造就的。马云一生有几个重要的节点：他出生在中国；成为师范生，并掌握英语；在美国接触到互联网；赶上"电子商务"在中国刚刚兴起……与其中任何一个机会失之交臂，他都不可能创造出今天的阿里巴巴。

所以说，努力是自己的事儿，成功是运气的事儿。失败是必然的，成功是偶然的。成功，就是暂时还没有失败。"孙子兵法"提倡求不败，而不是求成功，是有道理的。成功不是能力，不败才是。成功是奖励，不是目标；不败，才是目标。

前面也打了一个比方，说男同学就像品牌，他追求女朋友就像是造福用户。其实这个比喻和创业真的很像——创业的乐趣在过程，不在结果。一对刚刚牵手的年轻人，有"白首不相离"的愿望是好的，但必须做好最坏的准备。品牌抛弃用户，用户离开品牌都是再正常不过的事情了。

再比如说 30 年前的世界 500 强，现在有 70% 都已经灰飞烟灭了。如果一个人的成功是永远的，那别人还有机会吗？我一直不赞成单一维度考虑问题，"成功"从来不是像"凤凰永远都是百鸟之王"那样简单理解的样子。毕竟连太阳明天会不会升起的事，谁都说不准；宇宙有一天都要终于热寂。我们还用"成王败寇"的简单眼光去审视别人的是非成败，实在是太不经大脑了。如果把时间轴拉得足够长，本书里所有的闪光案例，也都难逃失败的结局。"滚滚长江东逝水，浪花淘尽英雄"嘛，不奇怪。

成功需要满足全部的条件，失败只需要不满足一个条件。单一因素对于失败是因果关系，对于成功却只是相关关系。所以，成功注定是不可以复制的。

我们总是自然而然地贪图捷径，一想到创业，就想找个看起来很成功的带头大哥当作榜样。以为走他走过的路，就能成为他的样子——直到有一天在新闻里看到，他的成功竟然是靠财务数据造假包装出来的。

哎,模仿了一个寂寞。或者,大哥并没有财务造假,他的成功其实也只不过是一个"幸存者偏差"——0.002%的成功被疯狂地捧上台面;其实,默默无闻的炮灰还有99.998%。

我们总以为成功是能力,失败是运气,而事实和我们以为的刚好相反。见人成功就想模仿,是我们人类"好逸恶劳"的原始本性。但作为一个理性的创业者,"见不足则内自省之"才是我们应有的态度。

去亲吻失败者的眼泪,而不是成功者的唾沫星子。

总结

如果我们的企业不幸倒闭,会有多少人感到生活变糟,或者根本就没有人察觉此事?"业",就是我们被需要的程度,"非我莫属"就是品牌。

接着,说了产品的竞争力。产品竞争力就是,我们提供的解决方案比别人的好。这里面包含三个维度,按重要程度分别是:

(1)用户需要。用户用不着的话所有努力都没意义。

(2)别人轻易做不了。别人做得到,我们的优势就没了。

（3）我们必须做得好。做不好，就出局。

创新不能停，创新停止，创业结束。

接着谈到了品牌是企业和用户之间的桥梁，企业为什么必须做品牌，以及品牌的四要素——形象美、语言美、行为美、心灵美。

最后是一些老生常谈——如何看淡成功，拥抱失败，不以成败论英雄……

本章难点

1

成交最大的障碍是信任。做生意，是打陌生人的主意，还是打熟人的主意？

如果我们的目标是把东西卖给亲朋好友，那么最终我们可能会成为一个优秀的小商贩；如果我们的目标是把东西卖给邻里乡亲，那么最终我们可能会经营好一家杂货铺……试着把产品摆到外地的超市货架，试着把店铺开到另一个城市……只有得到陌生人的青睐，我们才能得到一个品牌。

想得到更多熟人的信任，就必须花更多的时间和精力去社交。人的时间和精力都是有限的,所以能去交往的人也一定是有限的。创建品牌的思路,绝不是这样的。臭皮匠和诸葛亮有什么区别?臭皮匠的理想是"友好"一条街,诸葛亮的理想是整合这匠那匠们一起帮刘备兴复汉室。

社交,解决熟人的信任;品牌,解决陌生人的信任。

熟人是基础,陌生人是目标;圈子是基础,品牌是目标。

2

有人想给我举个反例,有人没有创造价值就赚到钱了,比如投资人,比如钻某些政策的空子,或者一个偶然的机会搭便车,等等。第一,投资人用钱解决创业者缺钱的问题,这就是价值,别人是卖产品,投资人是卖钱。第二,靠钻空子赚钱的人,我也很羡慕,但他们不是在创业。

3

有人说,品牌是营销的结果。这句话非常容易被片面地理解成——创业只管把营销做好,如果企业活得足够长,最后就会白捡一个品牌。

我认为把打品牌和营销比喻成养生和治病的关系,更为恰当。企业必须赚钱,不赚钱就得治病,治病就是营销。企业离开营销肯定是不行的,但如果企业只营销不养生,也会出现问题:第一,病越来越难治,营销越来越困难；第二，不爱惜羽毛，赚快钱无底线或追着利润随波逐流。养生，让企业尽量不生病，健康成长；打品牌不会伤害营销，恰恰相反，还会助力营销。打品牌，利当下，赢未来。品牌是一切经营活动的最高指挥棒，应该伴随着营销的全过程。所以，准确地说品牌应该是营销的原因和结果，或者说是创业的原因和结果。

匹夫不可夺志。从小就把墓志铭写好的人，更容易有大作为。

4

无印良品，就没有品牌呀？

无印良品的品牌名字叫无印良品，就像一个人给自己取了一个名字叫"无名"。如果它没有品牌，它应该没有名字，没有招牌，没有"无"的品牌定义，就不应该把"无"文化做得那么彻底，来引起别人的注意。

5

如果成功是偶然的，失败是必然的，那我们努力还有什么意义？

认识到"努力不一定成功"的意义不是让我们万念俱灰，而是要更加努力。没有机遇，才子不如狗；但是如果不努力，机会狗屎不如。

商人，总是要考虑投入和回报的，没有人愿意白白付出。这也符合"风险最小、利润最大"的经济学原则。但是，创业者不完全是商人，除了商业问题，也有创业精神的问题。如果一个人认为付出就一定要有回报，苦恼就多了；认为付出未必有回报，幸福就来了。这叫——"因"上努力，"果"上随缘。已经认清了创业的真相，还能认真地创业，这才是创业的乐趣。

创业的路，就像画一条彩虹。努力就有登顶的机会，但谁都不会把天捅破。虽然最终会落到地上，但过程很美好。

春色三分二分愁,更一分风雨 / 刘耕

第三章　第一步

如果第一步错了,不管是"走错路"还是"慢半拍",就算后面的每一步全对了也没有意义,所以第一步很重要。

创业的第一步是什么?

我无数次思考过这个问题。

大家常说,创业起步三件事——定战略,找人,找钱。战略是决定"做正确的事",战术是如何"正确地做事"。

战略是第一步吗?

我觉得是。

那战略的第一步又是什么呢?

战,从字面意思来看,就是为了"占"有而大动干"戈"。略,左面"田"字指资源,可以理解成目标市场;右面"各"字,是先放弃再选择,各取其一。战略,就是放弃别人的,占领自己的。弱水三千,只取一瓢。只取一瓢,是"放弃";取哪一瓢,是"选择"。"放弃"不易,"选择"更难。

战略这个词语不太好直接说清楚,我们还可以再从它的反面来考虑——"无战略"是什么?无战略就是盲目决策,就是草率选择,就是不经思考的选择,俗称"拍脑门"。选不好,叫拍脑门;选得好,就叫战略。战略的重点在于"谨慎选择"。

战略的谨慎选择有两个思考维度：一个整体视角，一个长远视角。只要站得足够高，看得足够远，所有"对的"都会变成"错的"（科学，因"可证伪"而可靠；鬼神，因"不可证伪"而荒诞）。定战略，是放弃的过程，是否定的过程——不是做什么对，而是做什么都不对。定战略，就是在"一切皆无可能"当中去寻求那个最有可能的"一线生机"。所以，战略决策很难，因为战略经常找不到。

品牌竞争力有三个维度——用户需要、别人不会、自己擅长。如果只留下一个最重要的，那一定是用户需要。最重要的是"用户要什么"，最不重要的是"自己有什么"。我需要什么，我就会去找什么；用不到的东西，好坏都和我没关系。因为和我没关系，不管你有没有，擅长不擅长，我都视而不见。

所以，创业第一步，就是找到要服务的用户群体。说直白点，就是想清楚我们想要赚谁的钱。

这一章谈"创业的起点"。

用户思维：
为什么创业的第一步只能是"确定用户"？

1. 为什么第一步只能是确定用户？

这个问题很好回答。在所有可能成为创业第一步，即创建品牌第一步的事项里，我们看看哪些能变，哪个不能变。哪些可以变，变了不影响品牌；哪个不能变，变了整个品牌就会全盘坍塌。不能变的就是第一步。

品牌，代表用户的利益；品牌，是用户的选择理由。所以用户不能变，用户没了，品牌就没了。也就是说，用户不变，一切围着用户转。前面曾经把品牌比作带货主播，两者都是代表用户利益的，都是为用户服务的。对一个带货主播来说，产品可以变，但用户群不能变。没有用户追随的主播，什么也卖不了；没有用户追随的品牌，啥都不是。

是水生产了船，而不是造船厂。

所以，为什么第一步只能是确定用户？因为品牌的用户群体不可以变，别的都可以变，也必须变。

2. 定用户就是定品牌战略

选择品牌竞争战略要考虑的三个维度：用户爱不爱，同行恨不恨，自己能不能。最重要的一定是"用户要什么"，其次是"别人做不了"，最不重要的是"自己可以做"。

用户需要，自己能，同行不能。这叫创业。
用户需要，自己不能，同行能。这叫跟风，叫混饭吃。
自己能，同行不能，但用户不需要。这叫"屠龙之技"，叫扯淡。

所以，定战略的重点是定用户。

品牌，是企业为了一个用户难题而不断优化升级一个产品所做的努力。简言之：品牌是一种努力。用户不固定，难题就不固定；难题不固定，解决方案的持续创新也就谈不上了。没有能感动用户的、持续的、有效的努力，也就没有品牌。

总而言之，想创建品牌，用户是必须先确定的。用户是靶心，用户不确定，一切无从谈起。

3. 先有产品，还是先有用户？

产品肯定不是第一步。品牌是用户的选择，一切围着用户转。产品是品牌为用户难题提供的解决方案。所以先有用户，后有产品。如果以产品为中心，产品不变，让用户变，让用户围着产品转，让自己简单，让别人麻烦……我们这样做就太"自恋"了。

乔布斯无疑是"自恋"的代表。他曾说过，他从来不问用户的意见，也从来不听用户的意见。他觉得只要自己为用户着想就够了——如果自己没有做出来一种触摸屏的手机，就去问消费者想要什么样的通信工具，他们只能说自己想要一种信号更好的诺基亚。

第一，他不问用户意见，是因为他觉得自己有能力替用户想更多。其实，还是产品围绕用户转，用户是第一位。只是天才很自信，自己代替了用户。

第二，他不听用户的意见，比如，很多品牌都出了大屏手机，他还坚持用小屏幕；还有不能安装输入法；等等。他这样做应该是有底气的。但是，因此而放弃苹果手机，不再追随他的人，也应该有很多，至少我就是其中之一。请原谅我对乔帮主的不忠诚！品牌不忠诚于我，却要我忠诚于它，臣妾做不到啊。

在真实的世界里，我们总是先有了产品或者一技之长，然后才去创业的。也不是说这样就不行——关键是你愿不愿意找到用户，然后为了用户去改变自己的产品或服务。如果你这么做了，用户又成了第一步。再然后，为了服务好用户，品牌会逐渐融合其他行业，或者做着做着就彻底抛弃了最初的产品。

可以先有产品，但是一旦服务用户确定了，我们就得围着用户转。

换用户等于重新创业。

4. 先找情敌，还是先找姑娘？

之前我们谈到过——品牌，是所在品类里首选的那一个。创建品牌，要以竞争为导向。"竞争导向"也就是选择进入赛道。在同一个赛道上同行之间争的是用户，换个赛道用户也就换了，所以选赛道是和谁竞争的问题，也是选择用户的问题。

"我们不一样，所以你选我。"竞争，就是差异化。差异化，就是扬长避短。如果找错了竞品，则意味着无法差异化，意味着后续所有的努力都是徒劳的。找对了同行，也就意味着找对了用户，意味着找到了方向。

到底是先找同行，还是先找用户，这是个好问题。当然是，先找用户。是我们先想好了要服务谁，然后才知道谁是同行；而不是先想好要和谁竞争，然后才找到了用户。而事实上，"先想好和谁竞争，然后才找到用户"更经常发生，尤其是在一些小商小贩的身上。虽然找同行比找用户做起来简单，但我们不应该这样做，因为我们是创业者。我们不能偷懒，防止被别人带沟里。

儒家思想里提倡一种"射箭"的精神——要搞定靶心，我们只能苦练自己的射箭技艺。如果射不中，就怪自己，不要怪同行射得准。行有不得，反求诸己。如果射箭射不好，更不要去羡慕别人唱歌唱得好听。把箭继续射好是自己的事，唱歌是别人的事。

是我们先看中了一个姑娘，然后才有了情敌；而不是为了打败情敌，我们不得不去追求一个姑娘。姑娘是目标，情敌激励我们创新。情敌很重要，但姑娘更重要。

当然，先找到同行未必就一定被带到沟里，先找到情敌，那个姑娘也可能真的就和自己很般配。所以，通过找到"同行"来找到"用户"也未尝不是一种好办法。但是，一旦用户找到了，那么用户就成了中心。绝不能跟着"情敌"走，更不能为了更换"情敌"而换了"姑娘"（目标用户）。

讲一个我多年前策划包装的品牌。

【案例】

"蓝靛果"是一种东北地区特有的野生小浆果，以富含"花青素"著称。这是一家以"蓝靛果"为核心，集种植、研发、销售为一体的创业公司。公司成立了几年，也在品牌创建上尝试着走过一条路——做过保健品的品牌，产品表现为提纯花青素制成的药粉或药片，和康恩贝、纽崔莱……竞争。

仔细分析不难发现，在"保健品"这条赛道上，强者太多了，自己太渺小，跑起来并不引人注意。企业在这条路上摸索了两年，确实也感到比较坎坷。在接手这个项目之后，我和企业进行了一番激烈的讨论，最终我们决定保留原来的路，然后又重新找到了一条小路——

要做一个"蓝靛果食品"的品牌，在专注"蓝靛果食品"开发的细分品类上，做一个小而美的品牌。

在蓝靛果食品这个赛道上，只有三四个规模不大的乡镇企业推出的产品，还没有一个成熟的产品，更没有一个代表品牌。而且不论从企业的种植、研发、销售哪个环节来看，他们的投入和我们相比都有很大差距。

同样的东北小城伊春也盛产一种叫"蓝莓"的小浆果，同样富含花青素。因为"蓝莓"开发较早，在人们心目中有一定认知，并且产生了有一定影响力的知名品牌。和"蓝莓食品"品类里的"知名品牌"相比，"蓝靛果"的花青素含量要比"蓝莓"高400%。

卖提纯花青素，我们没有优势（指从用户认知来说），但是卖蓝靛果食品，我们就有了明显的优势。扬长避短，品牌找到了位置——我们要把蓝靛果食品给做绝了，做透了，做成蓝靛果食品的代表。

然后，我们在企业备用的注册商标里，选择了"东极蓝"作为新品牌的名称。

"东极蓝"的品牌使命也确立了：

专注蓝靛果食品。

"东极蓝"就是通过找到同行来锁定用户的。创建品牌，就是为固定用户深化服务的过程。品牌是给用户创建的，所以换用户就应该换品牌。

（见插图：东极蓝）

5. 小结

简而言之，"用户思维"就是"限制思维"。商业就是交易，想要服务好对方的话，对方就是我方的限制。我们想请人吃顿饭或者送人一件衣服，都需要有限制，不能自己随便发挥。限制会让对方更满意，限

东极蓝 EAST POLE BLUE

专注蓝靛果食品

一个小浆果的无数可能

东极蓝 / 刘耕工作室品牌策划作品

制也会让自己更简单。限制，是创新的好朋友。没有用户的限制就没有创新，没有品牌，也就没有创业者。

创业就是创建品牌，品牌受用户限制。定用户是第一步，为了服务好用户而做的其他工作，比如找人才、拉投资、买设备、宣传推广……就不可能是创业的第一步了。

关键用户：聚焦小众，找到服务对象

1. 为什么一定要细分市场，一定要服务少数人？

拿我来说，小时候家里条件不好，只能穿大人的衣服；如今生活过得去了，我会去商店买适合自己穿的衣服；如果将来有一天不小心发了财，我有可能会请一个很厉害的裁缝专门给我设计服装。用不着讲什么"卖方市场环境""买方市场环境"之类的专业概念，我们用笨脑筋也能想明白，只要社会还在进步，产品创新的趋势就一定是——"大众产品"被"小众产品"淘汰，"小众产品"被"私人定制"淘汰。

现在买衣服，如果有男装店，我不去服装店；有大码男装店，就不去男装店。对于消费者来说，产品服务对象越聚焦，越有吸引力。

人和人之间有共性也有个性。共性需求被划分成了行业，每个行业生产的产品对应的可以叫作大众产品；而个性需求对应的则是小众产品。用专业的语言讲，大众对应的是品类用户，小众对应的是细分品类。大众产品如"服装""汽车"，小众产品如"大码男装""越野车"。

做品牌，所有的努力都是为了与众不同——
为了给你的，别人给不了；
为了给你的，别人用不上。

做品牌，不是让所有人都喜欢自己，而是让喜欢自己的人更喜欢自己。所谓大众产品是要消费者压制住个性需求去"将就"着使用的产品。大众产品就像一本诗集，送女孩子一本诗集，不如为她写一首情诗。所以，大众品牌不如小众品牌的力量大。一个小众产品一旦变成大众产品，它的品牌竞争力也就跟着淡化了，所以做品牌，就要先分化再建立。而从"大众"到"小众"分化的工作，就是市场细分，或人群细分。

【案例】

讲一个案例,"盛梅"牌火锅底料。在东北烧烤店里有一种独具特色的涮肚小火锅,随着东北烧烤文化一起闻名全中国。如果你想吃这种火锅,就必须用东北的底料。而这种火锅底料的代表品牌,就是盛梅。

越是中国的,就越是世界的;越是地方的,就越是全国的。这说明一个产品只有做出自己的特色,才是被广泛接受的前提。在火锅底料里面,来自四川的和来自内蒙古的因为比较有特色而被全国人民所喜爱。"盛梅"如果也想被更多人喜爱,只能继续做自己——服务好东北人。

作为一个火锅底料品牌,如果有南方的消费者提意见说味道太咸,我们尊重他把口味调淡,然后又有东北人提意见说太淡了,难道我们还能再调咸吗?要满足某些人,就会伤害另一些人。把火锅底料做得不咸不淡,去调和所有人,结果只能是所有人都不满意。品牌,无法讨好所有人。

所以,在两大派系已经得到了全国人民认可的情况下,"盛梅"作为一个受东北人喜爱的品牌,应该强调自己更适合东北人的口味才行。

所以,我决定给"盛梅"定义为"东北底料的代表",并创作了一条颇具东北腔调的宣传口号:

品东北的味儿,想家乡的事儿。

(见插图:盛梅火锅底料)

品牌,不是多数人的可选项,而是少数人的必选项。创业不是把蛋

真材实料做品牌

- 始于 1989 -

品东北的味儿,
热家乡的事儿!

盛梅底料 / 刘耕工作室品牌策划作品

盛梅品牌形象造型 / 刘耕工作室品牌策划作品

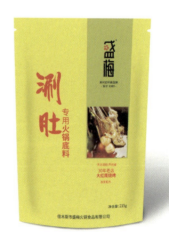

糕做大，而是把一小块蛋糕做厚，寸土可深耕。

【案例】

2018 年，一阵新教改的东风刮到祖国东北的边陲小城。一时间，在"高级中学"这个"战场"上，群雄并起、鼓角相闻。老牌名校岿然不动，多家私立高中各显其能……龙美高中，办学第 3 年时我去考察，已有在校生 1000 多人。她，凭什么站稳脚跟？

是找对了用户！！！

高中的用户不就是参加中考的初三学生吗？如果只是这样找用户，那就没我们这些策划人什么事了。前面已经说过了"战略是先放弃再选择"，没有经过细分的用户是大家的用户，细分之后的用户才是我们的用户。

在所有中考生里面，我们只选择了"自制力较弱"的那一些。有两个理由：一个是这些孩子数量比较多，品牌有更多机会；另一个是家长对他们多少有些力不从心，品牌有更大发挥。

我所说的发挥，就是学校为家长解决问题所做的努力。那当然就是"爱"了，我就见过相当多的学校门口写着带"爱"字的标语。但爱孩子，是连老母鸡都会做的事。学校爱孩子，一定要有学校应有的方式。而这种方式只能是"严厉"。所以，我给龙美高中定义的品牌核心竞争价值是——严厉。

什么是精英教育？把精英招收过来当学生，不是精英教育；把普通的学生教育成精英，才叫精英教育。龙美高中学生全部寄宿，班主任和授课老师也全部寄宿，且每天二十四小时全天候、全方位对学生的学习、生活和思想行为进行全面管理。

为了防止学生偷偷吸烟，龙美高中甚至把所有洗手间的门都截掉了一半……

做品牌，就是选择自己服务的用户，并认认真真地服务好。对于其他的"不缺少自控力"的学生，就留给别的品牌吧，我们总不能想把天下的钱都赚了吧？

（见插图：龙美高中）

想要花园，就得除草；想要草坪，就铲掉所有漂亮的花儿。品牌，除了"放弃更多人，服务少数人"之外，别无选择。

2. 我们为什么不愿意聚焦小众？

生物学家麦克阿瑟和威尔逊把生命繁衍概括为两种模式：那些存活率低、寿命短的，比如鱼、蛙、蒲公英之类的低级生物所采取的生存策略，叫"R策略"；那些存活率高、寿命长的，比如人、老虎、狮子之类的高等生物所采取的生存策略，叫"K策略"。"R策略"，就是广撒网，碰上一个算一个的策略；"K策略"刚好反过来。

小明同学看人家都成双成对的，觉得自己还是个单身狗，实在好可怜。他想来想去，终于鼓足勇气动手给班花写了一封信——"美女，我相中你了，想和你搞对象。不知道你觉得我怎么样？如果你同意就留下这封信，

龙美高中 / 刘耕工作室品牌策划作品

如果你不同意的话，请把这封信递给下一个女同学。"我不是在讲笑话，其实像这样"没目标、广撒网、碰运气"的卖货小能手，现在社会上并不少。就比如在我接触的企业里面，大半以上都不知道自己的目标用户是谁。他们找我做品牌策划，我说给我讲讲"用户画像"吧，结果大多数都会卡在这。夸张点说，是所有。

他们最爱给销售人员讲一个故事——如何把梳子卖给和尚。故事里有很多成交技巧。只要按这些技巧去卖梳子，无论什么人都能成为梳子的用户。既然这么厉害，我怎么没听说有一个梳子做成享誉全球的品牌？

越是不适销的产品越需要销售技巧。我不是说销售技巧不好，我是说如果产品能做得好一点，最起码能让销售人员少吐点血。太多太多的企业只重视销售不重视创新，只重视规模不重视研发，内不足而外张。用力在销售，更要用力在产品。好产品能为某些人的特殊难题，提供更好的解决方案。要做"少数人的必选"，还是要做"所有人的备选"？这是个简单的选择题，但选择前者的人非常少。为什么呢？

"为少数人研发"意味着放弃更多人，而人多贪心；也意味着等待，而人缺少耐心；意味着未必成功，而人厌恶风险。"卖给更多人"就好多了，可以直接到市场上拼杀，成功失败立竿见影。人喜欢争强好胜，喜欢即时反馈。所以，我们总是喜欢白天比赛砍树，不喜欢半夜磨刀。

对抗人性是困难的，但我们必须这样做，因为我们不是普通人，我们是创业者。

3. 要"颠覆式创新"，还是"微创新"？

产品创新的方向，是为了小众用户的某一个个性需求而创造出新品类，或者创造出原有产品的代替品。没有创造新品类，也没有代替原有产品的创新，都可以叫微创新，有的甚至是伪创新。比如，已经有人发明了电话，我们在电话上增加一颗钻石，这就叫微创新；我们发明了电话的代替品（比如手机），这叫颠覆式创新。微创新虽然可以给产品带来一些暂时的竞争优势，但终究不是品牌的核心竞争力。

当然，对于一些大企业来说，如果能够一直微创新，比如我们可以让手机充电时间更短或者让屏幕更清晰之类的，小步快跑并保持领先，也是了不起的。最怕的就是企业完全不创新，完全走老路。成熟企业因为受到多方利益束缚，经常以推出优化产品为主。但是，初创企业就必须做颠覆性产品，因为小企业靠简单的微创新很难生存。

优化是大企业的权利，颠覆是小品牌的机会。

微创新，是从 1 到 n，没有分化出产品的独特价值，目标是"优秀"；颠覆式创新，是从 0 到 1，是产品的独特价值，目标是"不同"。创新，与其优秀，不如不同！优秀，还在同一赛道上龟兔赛跑，斗智斗勇；不同，是换了赛道，慢慢溜达。优秀，是争第一；不同，是做唯一。

多年前，和福建某知名房地产企业营销老总一起吃饭，讨论起这个问题，他说，别的行业他不敢说，但是房地产行业创建品牌必须先优秀，再不同。而我却坚持认为，应该先提出不同，然后再做得优秀。你怎么看呢？

品牌就像人，人无完人。品牌不怕有缺点，就怕没亮点。所以，品牌不是卖优秀，而是卖不同。

难走的路不拥挤，所以初创企业选择去做困难的事情更容易成功。志不求易，事不避难，别无他途。

4. 选择用户，先分贫富

萨缪尔逊说，只要能学会说供给和需求，连鹦鹉都能成为一个经济学家。供给和需求似乎妇孺皆知，但"需求＝需要＋购买力"却是很多人都不知道的。

人们在选择一个品牌或者购买一个产品的时候，并不是先考虑其特色或优势，而是先摸自己的钱包。

品牌选择自己服务用户的维度很多，其中最重要的一个维度就是"购买力"。

美国杜邦公司曾经使用过一种"杜邦分析法"，来分析企业的财务状况。该分析法很复杂，这里不展开了。只是其中有一个分析维度，我觉得对初创企业很有用——用财务思维看企业的经营，可以看到健康的企业只有两种模式，是两种战略选择产生的两种经营模式，一种高利润低周转模式，一种低利润高周转模式。而且这是个单选题——要么便宜让更多人买，要么很贵但卖的不多。不可能有一个产品"又便宜又稀缺"，或者"又贵又烂"。

上一章我们曾经讨论过，产品是用户难题的解决方案，企业是产品的创造者，品牌是企业为用户持续创新的承诺状。企业可以为不同的用户开发很多产品，可以立很多承诺状，也就是企业可以创建很多品牌。所以，准确地说，用"杜邦分析法"分析企业是不完全合适的，除非这个企业只有一个产品，只有一个品牌。我们这里借用它，只用在品牌的战略选择上。

品牌是给用户创建的，创建品牌就要先选择要服务的用户，选择用户就应该先划分贫富。所以，想要创建品牌刚要上路的时候，我们首先会撞上这样一个"岔路口"——

（1）薄利多销，高周转方向。

针对广大普通用户群体开发低价产品，选择价格低但卖得多。以控制成本为主，侧重内部管理，需要企业有一定的规模。努力让产品在市场上占有一定的价格优势。产品做出来比较容易，产品多，代替品也多，价格低廉，但卖得比较快。不求赚得多，只求卖得快。

（2）开张吃三年，高利润方向。

针对少数高端用户的个性需求开发特殊产品，选择价格高但卖得少。侧重用户体验管理，重点服务少数人。产品具有一定的特色，利润比较高。

这个模式下，对产品稀缺性、产品外观形象气质、产品价格、销售场景、广告媒体都有很高要求。最起码你不能乱用价格战，这就太自降身份了。产品做出来比较难，生产比较慢，产品少，同行也少，需求也少，但卖得比较贵。三年不开张，开张吃三年。

从用户视角来说，这两点对应的是：
（1）更省钱，但用起来可能并不十分完美。
（2）更好用，但得多花钱。

你想让更多人买，还是希望更少的人卖？想让更多人买，就是薄利多销；希望更少的人卖，就是走高端做精品。要么走容易的路，很多人走；要么走困难的路，没人走。路不同，走法不同。这是个艰难的二选一，一个品牌只能选一条路。一个人，不能同时追两只兔子。

又便宜又好，那是慈善；又贵又不好，那是垄断。慈善，非长久之计；垄断，为法律所不容。都不是正途。

【案例】

举个例子，这是一个我陪伴多年的食品企业。该企业创建了两个水饺品牌：

一个快餐门店叫"柏记水饺",一个速冻包装产品叫"小柏水饺"。快餐门店品类里有成熟的高端品牌,所以"柏记"在进入这条赛道的时候,选择了服务普通百姓,品牌的战略是侧重优化成本、创造实惠。速冻水饺产品行业,以低端低质产品居多,所以服务用户就选择了高端,品牌的战略重点是优化产品品质。

(见插图:柏记水饺、小柏水饺)

尽管有时候高端用户和低端用户看似有着相同的需求。但,钱包不同,人就不同。企业必须要分别为"不同的用户"创建"不同的品牌"。

在日常我们都会根据购买力,把用户简单地分成高端用户和低端用户,也是这个意思。产品使用者的身份一定要清晰,要极端。高不成,低不就——做低端成本控制不住,做高端创新不足。这种品牌就尴尬了。

"价格"是用户的筛选器,是如果不买你的而去买代替品的花费,也是你不卖给他而卖给别人的价钱。定位定天下,定价定生死。命都没保住,还要什么天下?

高周转、高利润这两个战略选择都没有错,分不清才是错。分得清,但选择了不适合自己的也是错。

柏记水饺 / 刘耕工作室品牌策划作品

柏记水饺 / 刘耕工作室品牌策划作品

小柏水饺 / 刘耕工作室品牌策划作品

小柏水饺 / 刘耕工作室品牌策划作品

低价格、高周转的大众产品更适合由成熟企业去做；高价格、低周转的小众产品最适合初创企业的初创品牌。成熟企业为了某一阶段的财务报表更加好看，可以生产一些不痛不痒的产品；但初创品牌没有点颠覆精神，真的很难活下去。

重要的事说两遍：成熟企业有渠道、规模等资源优势，可以做一些性价比高的普通产品（品牌延伸）。但初创品牌最好能有独特的产品，因为控制成本不是小企业的强项，而创新能力却是大企业的短板。

但也不一定，有时候因为某种竞争环境、政策趋势或技术的迭代，下沉市场恰好出现了一个空白，如果我们刚好蹭到了这一波红利，哪怕是个初创企业做了一个普通的产品，也有可能被风给吹上天。

道理就是这么个道理，能够选择适合自己的才叫厉害。毕竟，做高端产品不成功的，和做低端产品成功的品牌都很多。

选择用户，先分贫富。

5. 想找到用户群，先找到一个人

如何找到我们要服务的那些少数人？

在写这本书的时候，我假想的读者就是一个非常具体的人——一个刚毕业不久的大学生。他来自四川农村。大学毕业后，创业两次都失败了。我认识他是因为有一次他来我工作室聊一个项目。后来和他又有不少接触，慢慢就熟了，也算很了解。

在我写下每个句子的时候，都想象着是讲给他听的。

因为他就在我的面前，用户画像很清晰。市场营销活动每个环节（4P）都想象着是围绕他展开的，所以也都简单了。

产品（Product）：写这本书，我就当是给他写的一封长信。

价格（Price）：我不会把书写太厚，给他节省钱也节省时间。

渠道（Place）和宣传（Promotion）：我知道他看什么，关注什么，能在哪里遇到这本书……

如果这世界上还有和他情况差不多、需求差不多的人，是不是也都可以算作我的用户了？很显然会的。他们加在一起共同组成了一个用户集合。如果这个集合是真实的，那么，聚焦小众的工作就完成了。所以说，想找到小众用户，得先找到一个人。

6. 分析用户

用专业术语讲，分析用户就是给用户画像。用户画像越清晰越好，但用户画像清晰到一定的程度，就变成了一个人的画像。所以，我认为用户画像，还是要拿自己熟悉的一个人来下手。当我们想要认真地去帮助一个人的时候，我们会帮到一类人；当我们想要帮助一类人的时候，我们谁都帮不到。所以，我们应该去分析一个人，得到数据，然后再去研发产品、定渠道、定价格、定媒体、定促销方案……

就像前面我们讨论过的，在消费者所有的属性里最重要的就是他们的消费水平。你要了解他们是不是对价格很敏感，他们是否经常买一些奢侈品。这个非常重要，决定品牌是侧重成本还是侧重性能。

还要搞清楚他们是使用者还是购买者。有些产品（或服务）使用者和购买者是分开的。比如学校，家长是购买者，学生是使用者；再比如礼品，晚辈是购买者，长辈是使用者。对于使用者和购买者分开的情况，我们希望能用一个购买理由把二者统一为决策者。把这个购买决策当作产品（为用户提供解决方案）创新的着力点。龙美高中用"严厉，是最大的爱"这个理由统一了家长和学生。盛梅火锅底料用"吃东北的味儿，想家乡的事儿"这个理由，统一了购买者和使用者。

此外，用户的年龄、性别、职业、爱好、信仰以及生活品味等等，甚至他们使用产品的状况、细节也都很重要，都要搞清楚。知彼知己百战不殆，一着不慎满盘皆输。但是必须要强调一点，找到小众用户绝不是按年龄、性别、职业给用户分类后再选择其中一类就可以的。分析用户是要找到用户的个性需求，有共同的需求不一定有共同的年龄、性别或职业。

每个人都有很多身份属性，每个身份属性里都有可能隐藏着尚待解决的难题，我们想赚这个人的钱，他的这些属性就是我们要分析的内容。

但我不赞成初创企业采用问卷调查的方式去了解用户或用户的想法。第一，人们在填问卷的时候未必说真话；第二，科学地设计问卷有一定的难度。问卷调查的办法，还是留给成熟企业和专业人士去做吧。

发问卷，不如做访谈；访谈又不如闲聊；和陌生人闲聊不如和亲戚朋友闲聊。初创企业，想要找到机会，降低创业风险，不妨从服务身边的人开始。

7. 小结

正确的选择，大于百倍的努力。看政策，看趋势，看文化，眼观六路耳听八方，找到关键用户，聚焦目标，明确服务对象。

关键体验：洞察用户痛点，在单点做到"爽"

我们探讨完了聚焦"小众用户"，现在我们要探讨聚焦"用户难题"。

1. 痛点：发现用户难题

比如这本书，是写给年轻的初次创业的朋友。你们是"用户"。遇到重要的创业决策，你们经常举棋不定，这是"用户难题"。我把20年的从业经历、学习和思考总结出来，写下来，是"解决方案"。先找到一个用户，再找到用户难题。然后又因为他的难题有一定的普遍性，让这个难题链接更多用户，这样就得到了用户群。

如果找到了一个用户，但没有找到另一些人也存在的难题，那就没有找到用户群。

一群用户的共同难题，叫作"痛点"。

通过痛点链接到的用户有可能多，也有可能少。这取决于痛点的普遍性。过于普遍的痛点，一个用户就代表更多人；过于个性化的痛点，一个用户就可能只代表他自己。我们要在这里找到一个平衡，痛点越有个性，痛点越痛；链接的人数越多，痛点越不痛。

【案例】

如果要给药店策划出来一个品牌竞争价值，应该从哪里入手呢？是"方便快捷""热情服务"，还是"价格实惠""童叟无欺"呢？晨翔药店最初也是把这些标语都写在了牌匾上。我就跟刘总说，你写这些话没什么用啊，对走过路过的消费者来说，这就是一堆词，他们看过之后转头就忘了，甚至根本都看不见。

他问我，那怎么办？我说，产品（或服务）是用户难题的解决方案，你得找到让消费者烦心的地方啊？他说，消费者烦心的地方，买药不够方便、服务不够热情、价格不够实惠，这几个都不行吧？是啊……又说回来了。

我说，我给你讲一个吧。大约10年前，我和药店打交道比较多，曾经目睹过这样一个场景——

一个大妈来到药店，说最近几日嗓子疼。然后售货员就给她拿了一盒68元的特效咽炎胶囊。大妈说，感觉自己是感冒了，然后售货员又给她搭配了几种感冒的药，共计102元。

正要掏钱，大妈又多问了一嘴："我是风寒感冒，还是风热感冒啊？"

售货员答道:"风寒风热都是感冒,吃这些药效果就最好了。"

大妈又问:"流行感冒也是感冒吗?"

售货员答:"对。不管什么感冒,吃这些退烧消炎的药就行了。"

大妈什么都没说,转身走了。

刘总说,那售货员太不专业了,流行感冒是病毒感染,得抗病毒。

我说对呀,其实来药店买药的人,如果没有医生的药方,他们最怕的就是买到不对症的药,白花钱还不治病。我们想创建一个连锁品牌,就可以把这个痛点当作品牌的奋斗目标啊。

最后,我们商定了"晨翔药店"的品牌竞争价值:

对症。

同样的,我也给品牌专门创作了一条宣传口号:

晨翔买药买实惠,只买对症,不买贵!

(见插图:晨翔医药)

你能找到用户的痛苦之处,并且还愿意去解决,品牌的竞争价值就出来了。

没有用户,就没有痛点;没有痛点,就没有用户群。品牌在寻找用户,用户也在寻找品牌,"痛点"是两条视线的交点。

晨翔买药买实惠，
只买对症，不买贵！

晨翔医药 / 刘耕工作室品牌策划作品

2. 爽点：创造关键体验

品牌，是企业为了一群用户的痛点而不断优化升级一个产品所做的努力。品牌，是愿意努力的承诺状。用户不固定，痛点就不固定；痛点是靶心，靶心不固定，优化创新也就谈不上了。一个品牌，如果没有能感动用户的有效努力，其实就是个商标。

品牌有用户痛点的解决方案，商标什么都没有。

解决方案如果是独家的，就叫"核心竞争力"或者"USP"。但我不喜欢使用专业概念，如果换作直白的话来说，它应该叫产品的"绝活儿"。后面还会经常提到这个"绝活儿"，我有可能会叫它更通俗一点的书面语"卖点"或"竞争价值"。所以，前文或后文所提到的"卖点"或"竞争价值"都是专指"独家解决方案"，也就是"绝活儿"的意思。

"卖点"把"痛点"解决得好，解决得超预期，就产生了"爽点"。"爽点"是用户的极致体验。为什么非买我们的不可，买别人的就不行？"爽点"必须回答这个问题。

爽点是解决痛点的结果。痛点只能是一个，卖点是一个，爽点也是一个。这几个"点",都需要聚焦,都害怕分散。品牌能够把一个单点做到极致,能够在关键时刻、关键的点上,让用户体验到产品的"爽",就叫"关键体验"。

一般来说,快消品的关键体验可以在付款的时候(性价比高),但重要大件产品的关键体验一定要在产品的使用当中(稀缺性高)。创造关键体验,要在使用环节里面,找到最关键的环节。创造关键体验,就是要在最关键的点上彻底征服关键用户的心。

给品牌设计关键体验,能解决大部分营销和传播问题,比如我们常常追求的引起注意、形成记忆、影响决策、诱发分享、重复购买等等。

一个产品的使用环节可能有好多,不同环节上的使用体验对应在产品上就叫产品的价值属性。一个产品特别突出的价值属性,就叫产品特性。如果把同一种产品都摆在一起,应该各有各的特性。而且它们各自的不同特性,是用品牌区分开来的。所以,品牌也可以看作是一个产品在同类产品中所拥有的某一个特性的标记。简单说,品牌是绝活儿的标记。

千招会,不如一招绝。一个产品不会有两个或更多牌子,一个品牌也不应该代表两个或更多的特性。

做品牌,要单点突破。

3. 单点突破,品牌就是独占单一特性

痛点之所以叫作痛"点"而不叫作痛"线"或痛"面",爽点之所以叫作爽"点"而不叫作爽"线"或爽"面",是因为"竞争力"来自于"聚焦"。而聚焦的目的是集中资源,单点突破。"伤其十指,不如断其一指",分散兵力会让战斗力减弱,会稀释竞争力。

(见插图:聚焦的力量)

有一个理论说,一个人经常来往的,熟悉并深入了解的亲戚朋友一般不超过 10 个;而能够记住基本情况的大约是 150 个。这个范围之外的更多的人,就只能用一个身份标签来粗略地分类管理,这个标签通常是那些陌生人的专业特长。看一下自己的电话簿上,是不是保存了一些类似这样的信息:

李师傅 电工 13×××××××××

王老师 作家 13×××××××××

张律师 13×××××××××

…………

虽然事实上，李师傅除了电工以外，还有可能是一个保险代理人，或者代驾司机，或者是个带货主播……但是，他有一万个技能都和我没有关系，我只关心他是不是一个好电工。那些无法用单一标签就能简单归类的陌生人，我们的大脑不知道往哪里存放。多个用处的产品，和多个特点的品牌，也是一种无法归类的信息。无法处理，只能放弃。

我们继续说人心。

心理学认为，人无法记住一个事物 7 个以上的优点，事实上记住 3 个都很费劲了。对于不太熟的事物，能记住的就更少了。想一想我们貌似很了解的品牌就知道了，不信我问你——我们喝的饮料，王老吉除了防上火，还有什么？六个核桃能补脑，还有什么？洗头发的海飞丝能去头屑，还有什么？潘婷能修复，还有什么？我们爱旅游，巴黎除了埃菲尔铁塔，还有什么？普罗旺斯除了薰衣草，还有什么？西安除了兵马俑，还有什么？婺源除了油菜花还有什么？

但是，如果一个事物和自己的关系非常密切，情况就不一样了。比如，虽然我不知道婺源除了油菜花还有什么，但却知道我的家乡还有很

聚焦的力量

多好东西，有冰雪，有松花江，有原始森林，有珍稀玉石，有生态食品，有抗日英雄，有祖国最早升起的太阳……我为什么知道，因为这是我的亲家乡。

人总是看重自己，忽略别人。所以对于"如数家珍"这种事，只有在自我介绍的时候才能淋漓尽致。我们的那些优点除了自己或最爱自己的人，根本就没有人当回事。不要指望消费者有意愿并且能记住一个品牌所有的优点，除非我们的品牌是在他被窝里长大的。

注意力也好，记忆力也好，人的心力总是稀缺的。别人我不知道，就拿我自己来说吧，每次去银行存点私房钱啥的，都要把密码清清楚楚地写到一个本子上，因为怕忘了。然后等到我取钱的时候，想拿本子看一看——哎，那个本子让我藏哪了？别忘了消费者和品牌之间并不是一种亲密关系，品牌再亲，还能亲过自己的存款吗？消费者的心智每天都要受到各种信息的骚扰，已经很烦了，哪里还会有闲工夫去关心全天下那么多品牌的那些丰富的特色和内涵？

是木工就当好木工，是瓦匠就当好瓦匠……就不要在名片上还写着能兼职做翻译了。人家找翻译，只能找专门的翻译。我们引以为傲的"多才多艺"，在消费者看来其实就是一种"不务正业"。想创建品牌，必须先学会掌控自己的"表现欲"。

通过前面讨论，我们得到了两点启发：一个事物（或一个品牌），除了一个特点之外还有些什么别人（或消费者）很难想起来，因为心智喜欢简单归类；如果一个事物（或一个品牌）有太多的优点，别人（或消费者）甚至连这个事物本身都想不起来，因为人只关心自己或最亲密的人。也就是说，想创建一个品牌，一个特点都没有是不行的，但如果超过了一个和一个没有是一样的。

什么两大特色，什么三大优势……这是典型的用来介绍烂产品的话术。杂牌没有缺点，品牌独占亮点。品牌，是用户难题的首选解决方案，一个难题一个方案，一题一解，一个就够了。一个才是价值，一个最大，两个归零。

一个姑娘会因为一个小伙子有某个优点而爱上他，却不会因为一个小伙没缺点而爱上他。心理学上叫"光晕效应"，意思是当一个人的优点足够大，人们就会忽略他所有的缺点。品牌，也一样。做品牌是为了防止自己和同行混淆，而不是为了让自己更像某个同行或成为多个同行的综合体。

【案例】

李向东叫花鸡来自西安，是我策划的一个熟食店连锁品牌。叫花鸡是拳头产品，所以店名不是熟食店，而是李向东叫花鸡。

想到满大街的熟食店，它们都有独特的品牌价值定位吗？为此我们进行了充分的调研，发现它们确实有一些"似是而非"的品牌主张，比如："妈妈的味道""儿时的味道""传统老味道""诚信为本，安全第一""绿色天然，健康美味"等等。

其实要验证一个品牌主张有没有用，只要把它放进销售场景、传播场景或者使用场景里看一下就行了。在销售场景里是掏钱理由吗？传播场景里是介绍理由吗？使用场景里是满意理由吗？似是而非的理由，就是那种无法证明的，企业也无法集中资源去优化的理由——好像是理由，其实根本不是。

既然大家都糊涂，那我们就可以抢占品类的根本属性了。熟食的根本属性是"好吃"。而"好吃"是总结概括性质的词语，是不能当作价值标签的，所以我给李向东的品牌标签定义为"入味"。

当李向东的品牌特性被定义成一个单点——"入味"的时候，在消费者的眼里，"李向东"就被点亮了，而其他同类品牌就变成了灰色。就像我经常讲的那样——没有被定义的品牌，像风里的灰尘一样多，一样渺小。

然后，我又给李向东叫花鸡创作了一条宣传口号，用来强化品牌"入味"的特性：

李向东叫花鸡——骨头留着下面条。

（见插图：李向东叫花鸡）

李向东叫花鸡 / 刘耕工作室品牌策划作品

李向东叫花鸡 / 刘耕工作室品牌策划作品

其实"单点突破",也是在宣告自己的专业性,专业产生竞争力。我们得承认竞争力来自一个古老的经济学概念——分工。分工越细你的品牌角色就越专业,越专业越有用,越有用就越有竞争力。一个人一手画方一手画圆,一边钓鱼一边放羊,是得不到任何重用的。万能工,是在万能的岗位上他很专业,万能工如果又当程序员,又当婚礼主持人,他就什么都不是了。

4. 怎么找到一个突破点?

一只烧鸡,不管有多少优点,人们评价它总是好不好吃;一块肥皂,不管有多少优点,人们评价它总是洗衣服干不干净……每个产品都天然地带有一个默认的价值属性。这个最重要的价值属性,也常常被叫作"第一特性"。品牌首先要在消费者心目当中抢占这个第一特性,占领它,这个品牌就有可能成为这种产品的代表。

(见插图:品类树&品牌果)

当然,抢到第一特性是非常不容易的,除非这个行业的前辈们个个都没有品牌意识,这个空正好给我们留着。我们初创品牌的策略一般是

品类树 & 品牌果

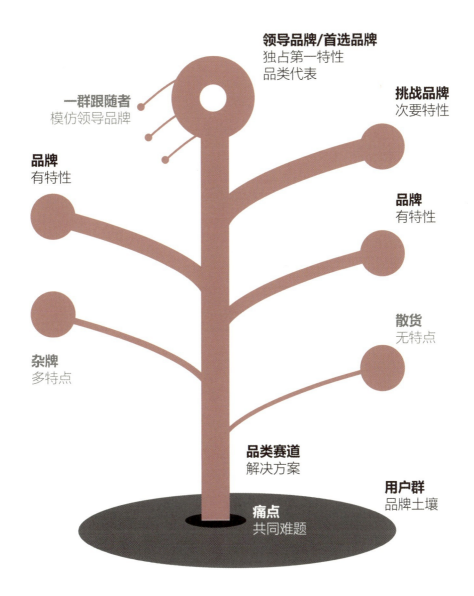

品类树 & 品牌果

找到次要价值属性，然后把它做到极致，做成我们自己的第一特性。然后再凭这一特性去消费者心里面抢一部分份额。比如，在烧鸡品牌里，有说自己好吃的，有说自己安全健康的，也有说自己有嚼劲的……肥皂有去污的，也有灭菌的，还有突出气味芬芳的，等等。

柏记水饺 2013 年进入这条赛道的时候，现包水饺领导者遥遥领先，我们如果也主张"现包"就没有意义，所以就选择了去抢占"来柏记，吃健康"这个更亲民的品牌特性。而再后来的跟随者因为缺少去独占一个特性的意识，所以都在跟着做现包水饺、健康水饺……

还要补充的是，一种产品可开发的价值特性不是无穷无尽的，所以每一种产品的头部品牌总是只有那么一两个，最多三五个。

但是，人追求幸福是无止境的，"痛点"是不可能消失的，品类还可以再分化或者被创造。想创业从来不缺舞台，就看能不能找到属于自己的角色。比如，有人先发明了网上卖货，后来有了更方便的淘宝，后来又有了更可靠的天猫，又有了更快的京东，又有了更便宜的拼多多，又有了更直观的直播带货……

我进入一条赛道比较晚，占不到第一特性，也创造不了新品类，做一个跟着大牌混饭吃的小跟班行不行呢？跟风当然是最省力气的，但我非常不建议你这样做，因为品牌竞争的游戏规则是——跟随者永无出头之日。那如果我比别人更加努力也没有出头之日吗？

大概率，是的！

所谓的品类赛道，实际上就是一个用户需求的可选解决方案（产品）的排行榜。在消费者心里面，每一个需求都会对应几个可选择的品牌。他首选的是领导者，可选的一般来说是挑战者，一群想不起名字的备选的叫跟随者。通常情况下，第一、第二会占领80%以上的份额；其余跟随者平分不足20%的份额。因为这里说的是用户选择，选择发生在用户心里，所以其实这个份额准确地说应该叫心智份额。但心智份额，往往刚好对应市场销售的份额。所以说，品牌的竞争是发生在用户心里面。品牌竞争的战场，是用户的认知。

不跟强者比努力的原因是——消费者不爱动脑，"认知"容易形成，但很难改变。开创者虽然未必是领导者，但开创者往往不需要努力也会被当成领导者；挑战者往往会被当作第二名，哪怕你实际上是第100名；第一名和第二名打起来，第三名就会死掉，因为注意力全转移到第一、第二身上去了……

所以说，跟随没有机会，想创建品牌就必须创新，不做挑战者就做领路人。要么纵向分化，要么横向跨界，要么颠覆品类——开辟一条路，成为先行者。

反正就是——初创品牌，单点突破，寻找机会，各凭本事。

5. 小结

这一节的重点是聚焦单个用户难题，聚焦一个未被满足的用户需求，并且拿出超预期的解决方案。

一个品牌只能解决一个难题，品牌有太多的好就意味着平庸，品牌不需要太多的好，只需要突出一个好就够了。就是说，品牌要展示一个绝活儿，要独占一个特性。

在一条赛道上抢不到一个特性，就开辟新路，当领路人。开创者，往往被当成一个行业或品类的代表，哪怕你不是。因为，竞争的战场是消费者的"认知"。

关键信号：刺穿他的心

聚焦了用户，又聚焦了用户难题，又聚焦了解决方案和用户体验，接下来该聚焦用户认知了。聚焦认知是一个初创品牌在市场上能否"单点突破"的最后一击。别人不认可的价值，不是价值。我们的产品要做得好是必需的，但和"拥有产品"相比，"拥有人心"更加重要。会"做"的不如会"表现"的，成败在此一举。

我所在的城市有一家老字号饭店叫四海宴，他们家有一道招牌菜——酱大骨头，味道一绝。

在这家老字号的周边也开了很多主打酱大骨头的小餐馆。

有一天傍晚时分，我来到其中一家小餐馆用餐。坐邻桌的是一位中年大哥，他点了二两白酒和一份大骨头。白酒先上来了，大骨头却等了好一会儿。等大骨头端上来的时候，只见他轻轻地抿了一口酒，然后张开嘴，发出一声深长而满足的"哈——"，然后，便拿起一块骨头，啃了一大口。

一边吃，一边对饭店老板说："你家这大骨头和四海宴的还是差不少啊！"

老板接过话说："真的吗？"

大哥说："嗯，真没有人家的好吃。"

只见老板笑了，说道："我家的骨头卖完了，你现在吃的这个就是我刚才从四海宴给你买的……"

商业竞争不是发生在企业之间，而是发生在消费者的心里面。企业自己创造的竞争力，一脚就能踢翻；而消费者一旦认定你能做什么，并形成了认知，九头牛也拉不回来。

有人说，名声是误解的总和，我深以为然。别人不知道的事实约等于没有，认知就是事实。

百千名相，无非一心。

（见插图：聚焦认知）

1. 聚焦认知，一剑刺穿他的心

我们常讲，人生就是一场戏。在一出戏里，一般只有一个主角，然后还有几个配角和很多很多的路人。主角，都是很丰富、很立体的，被称作三维人物；配角，有固定的动机就可以了，叫作二维人物；路人，只要有个外貌特征就可以了，叫一维人物。每个品牌都有很多理由相信

聚焦认知

 对外宣传
聚焦、统一、坚持
一瞥难忘
一词占领心智

 内部管理
流程、制度、协同、效率

在**传播**方面
用户认知是
形象包装、广告的理由

没有理由就叫
瞎吹

在**渠道**方面
用户认知是
代理、销售的理由
体验、购买的理由

没有理由就叫
瞎卖

用户认知

口号 < 劝诱 < 功能 | 气质 > 感染 > 符号

收获人心
是品牌的终极目的！

在**价格**方面
用户认知是
产品定价的理由
没有理由就叫
瞎要价

用户认知是
创业的理由
没有理由就叫
瞎干

在**产品**方面
用户认知是
生产和研发的理由
没有理由就叫
瞎鼓捣

自己是个万人迷，而实际上消费者把绝大多数品牌都当成是跑龙套的。在消费者眼里，品牌浩如烟海就像路人来来往往，只有少数品牌能走进他们的生活，成为配角。

健忘、麻木、喜新厌旧、喜欢简单怕麻烦……是消费者心智的基本特征。他们选择性注意，选择性理解，选择性认同，选择性记忆，一个品牌要过五关斩六将，成功进入他们的大脑并生根发芽，实在是不容易。所以，我们必须要优化品牌发出的信号，让信号接收起来更容易。

用户体验无疑是最直接的表达，但除了用户，品牌还要争取更多还没有成为用户的人，也就是教科书里说的受众或者潜在消费者。他们没体验过，怎么才能让他们也想体验一下？无论是老用户获得了极致体验之后把品牌分享给他们，还是品牌直接告知他们，我们都要把"不可传播的体验"翻译成"可传播的信号"。必须把信号准备出来，而且，要优化好。

所谓优化信号，就是让信号更尖锐，更扎心。品牌信号就是产品关键体验的压缩包，目的是传达产品价值，所以品牌发出的信号也要聚焦，要单一，要纯净，要一尘不染。信号形式可以多样，信号内容必须聚焦。

怎么让信号单一？举个例子。我曾经服务过一个做面包的老字号品牌，雇主希望我在品牌下面写"健康、美味、时尚"三个词语。我反对说，这三个词语写不写根本没有人当回事，还不如写上"始于1992"更好一点（也不是有多么好）。原因就是三个词语的信号分散，不聚焦，品牌到底是想要告诉别人自己更健康，还是更美味，还是更时尚？更何况，"时尚"这种东西，是需要自己做出来让别人感觉到的，不适合自己讲出来。比较之下，另一个食品品牌在包装上用醒目的大字写着"好吃就是硬道理"，信号就纯净多了。信号单一，就是克制贪念，单点突破。

【案例】

再讲一个启航英语学校的策划案例。找到我的时候，学校已经初具规模，有两个分校，有几百在校生，但还没有任何品牌的意识。我说创建品牌要突出一个自己的优势，李校长说，优势有很多。颇费了我一番口舌之后，他决定留下两个——让英语学习更快乐，更简单。我说，还不行，只能留一个。两难之际，我提议把"快乐"给放弃了吧，学英语不是为了快乐来的，你的品牌以后死磕"简单"就行了。最后，我给品牌创作了一套非常纯净的传达信号——

启航英语，找到方法更简单。

（见插图：启航英语）

启航英语 / 刘耕工作室品牌策划作品

信号主题干净明了、浅显直白只是信号优化的基本要求，只是及格。冯卫东先生在《升级定位》里说，天图资本的广告语"专注消费品投资"算不上惊艳，也就能打个 80 分，但也够用了。所谓的任何理论都有局限性，"定位"理论对文案创意并没有太多重视。平淡是注意力的敌人，所以说只做到信号的纯净还是不够的。想要信号更有力量，想要更锋利地刺入人心，还必须在以下两方面对其表达进行创意打磨：

（1）更好懂。

品牌信号要尽量使用接收信号者熟悉的、理解的形象或概念。要让我们的信号和他们心里已有的材料里应外合，在对方的框架里找自己的位置。跟牛沟通得用草，不能用琴。简单说，信号忌生僻。

（2）更特别。

品牌信号不要用别人的句式，不要用别人的创意和套路。习以为常、司空见惯的表达方式会被人直接给忽略掉。简单说，信号忌俗套。

信号不熟悉，别人理解不了；信号不陌生，别人就记不住。一切创意，都在追求这种熟悉的陌生感。

【案例】

悦水汇是我们本地一家"高端大气，时尚豪华"的洗浴中心。策划品牌的时候，我把这"高端、大气、时尚、豪华"几个被用滥了的形容词解释成了"洗浴中的五星级"。我借用了"五星级"这个大家都熟悉的信息，这种表达手法，就是里应外合；酒店有星级，洗浴没有星级，组合到一起也产生了陌生感。

（见插图：悦水汇）

李向东叫花鸡，品牌关键体验是"入味"，翻译成品牌信号是"骨头留着下面条"。下面条，你熟悉；用鸡骨头下面条，你意外。再比如我的策划公司"笨人企划"，品牌特性是"实效"，翻译成品牌信号是"与一切花架子为敌"。"笨人"，"与××为敌"，我们都熟悉，和企划用在一起，就陌生化了。

一书一城品牌 LOGO 符号，书、洋葱头房顶，我们都熟悉，两者相结合，陌生感就出来了。三江英才，"三条江"我们熟悉，结合到一个"才"字里面，就有点意外了。

（见插图：一书一城、三江英才、FM98 文艺交通广播等 LOGO 设计）

悦水汇

Bath center YUESHUI

洗浴中的五星级

悦水汇 / 刘耕工作室品牌策划作品

悦水汇 / 刘耕工作室品牌策划作品

哈尔滨市图书馆"一书一城" / 刘耕工作室品牌 LOGO 设计作品

三江英才

Talents gathering in Sanjiang

中共佳木斯市委组织部"三江英才"评选活动 / 刘耕工作室 LOGO 设计作品

FM98 文艺交通广播 / 刘耕工作室品牌 LOGO 设计作品

各种徽标 / 刘耕工作室品牌 LOGO 设计作品

通过前面几个例子，相信你也看出来了，品牌信号要想成功进入消费者的心智，有两个主要通道：一个是听觉，一个是视觉。听觉信号主要是语言和语言的腔调；视觉信号主要是形象和形象的气质。两者习惯上被简称为视听信号，优化这两个信号，通常叫作图文创意，下面再深入聊一聊。

2. 一语入心，脱口而出的品牌语言

品牌发出的信号里，最重要的就是语言。这里要注意，不是文字，而是用嘴巴讲出来的语言。品牌传播主要依靠"说"和"听"，而"写"和"读"只是辅助。"怕上火喝王老吉""人头马一开，好事自然来"，在写和读的时候很一般，在听和说的时候非常棒，信号传播效果就非常棒。"万象璀璨，全城争藏""蜕变，遇见完美生活"，在写和读的时候非常棒，在说和听的时候非常差，传播效果就非常差。

小时候在某个广告大师的书里看到"名字就是一切"，觉得很有道理。在这个行业摸爬滚打了20年之后，我才真正明白过来——确实如此！试着把品牌传播信号一个一个地去掉，我们会发现去掉别的也可能对品牌有影响，但不致命；如果去掉名字，品牌就不存在了。能变的信号力量都小，不变的力量都大。如果把品牌的使命、痛点、卖点或爽点放到名

字里，就一定比放在广告语里面传播力量大。所以说，品牌信号的优化，语言是重点，而名字是重中之重。

【案例】

"女王酸菜"是德申汇女王社群俱乐部孵化出来的一个精品酸菜品牌。我给它设计的第一个语言传播方案是——

品牌名：女王酸菜

广告语：只做有机好酸菜

是说明白了，但穿透力还不太够。"有机"，这个品牌的价值，如果放在名字里面，应该比放在广告语里更有力。所以，又改成了——

品牌名：女王有机酸菜

广告语：不想做女王的酸菜不是好酸菜

经这样修改之后，品牌名"女王有机酸菜"着重突出了产品特性；广告语"不想做女王的酸菜不是好酸菜"既暗示出了产品的高端，又增加了语言的趣味性。

（见插图：女王酸菜）

再举一个例子。

祁门县是新安医学重镇，明清两代出御医 21 位，有"中国御医之乡"之美誉。新安御医酒是太极养生文化学者、新安御医研究院院长胡先生

女王有机酸菜 / 刘耕工作室品牌策划作品

女王有机酸菜 / 刘耕工作室品牌策划作品

历经多年研制而成的养生酒。这款产品传承了新安御医医方医术，精选黄山祁门黄精与杜仲雄花等地道食药材，还是使用的茅台镇酱香白酒作为基酒……品质应当说是非常高的。

　　这款酒想为女创学院和心性学堂特制一款产品。经过多番探讨之后，我们决定给这款产品取名叫作"御心酒"。御，外不感六邪；心，内不伤七情。养生养心，完美切合主题。大家也都觉得不错。然后回过头我又仔细琢磨了一下，发现好像还应该再调整一下，便赶紧给胡院长发了封邮件。大意是：

　　产品卖的是"购买理由"，这款酒的"购买理由"是"新安御医"文化。把"新安御医"缩写为一个"御"字来使用，产品的竞争信号的力量就被拆掉了。"御"和"心"的结合，既没有突出"御医"文化，又没有突出"心性"文化，两方面都想要，两头不讨好，而且拼凑感明显。产品名最好能直截了当地表达卖点——如果第一眼看不明白，没有被吸引到，那基本上就没有下文了。因为，消费者不想动脑，也不听解释。

　　所以，我建议，把名字改为——

　　新安御医酒（御心版）

　　再看这张图。

　　（见插图：杏林路顺和街）

杏林路顺和街路标

看到"杏林路"这个名字的时候我们大脑出现一幅"开满杏花"的画面，而"顺和街"就没有。所以具象的"杏林路"就要比抽象的"顺和街"更容易被人记住。所以，名字应该尽量有画面感。

比抽象的"顺和街"更差的是那种不仅抽象而且生拼硬凑的名字，比如"谐晟路""安泽路"。而更更差的是那种不仅抽象而且拼凑，还有生僻字、多音字的名字，比如"八漱路""镗钯街""芝罘路"。我曾见过一个食品品牌，叫作"氇氇香"，真是要了消费者的命了。

也有比"杏林路"这样有画面感的名字更好的名字，那就是"熟悉和陌生相结合"的名字。比如有网友在网上晒出来的各种令人过目难忘的"神马路""绊脚路"等等。在商业竞争里，"瓜子二手车"就属于"熟悉和陌生相结合"的好名字，我记得还有几个和"瓜子"类似的二手车品牌就取了那种抽象而且拼凑的名字，应该有三四个吧，什么诚什么信的，都叫什么来着？

无名，天地之始；有名，万物之母。没有一个好名字，就没有一切。

想象一下把我的品牌商标"创业谋士刘耕"改成"品策雎蠡刘耕"

会是什么效果？我告诉你"品策"是"品牌策划"的缩写，范雎、范蠡是两个著名的战略家……是不是感觉很有高度，有深度，有内涵，有文化？啥都有，就是没有用。或者把"笨人企划"改成"睿智企划"，有没有显得更加高大上一点？一点都没有。如果你的品牌名也有明显的传播问题，比如：假装高大、表意不明、信息杂乱、生硬拼凑，或者含有生僻字、多音字……就赶紧扔了吧，烂泥扶不上墙。品牌名字，是要进入消费者心智的，是要在消费者心里面注册的。这种名字根本注册不上，消费者拒收。

除了名字，最重要的品牌语言信号就是广告语或广告文案了。

广告语，多数时候就是在讲产品价值，也有时候不是。有时候，有些人想要隐藏真实的购买动机，所以品牌语言信号就得设计成他们的购买借口。他们的真实动机和品牌的真实价值大家都心知肚明，只是把品牌信号变成了一种说辞。虽然和爽点"错位"，但说辞也必须真实，必须靠谱。使用说辞大多都与"颜面"有关。

比如"来柏记，吃健康"是品牌的核心价值，但也有进店借口的意味。因为真正的"爽点"是在"付款的时候花钱不多"上，而不是吃完饺子之后觉得自己很健康。我也曾经问过一个朋友，为什么买"沃尔沃"轿车，是因为它安全吗？他的回答让我惊掉下巴，他说就是看 4S 店卖车的姑娘长得挺好看。理由也好，借口也罢，最主要是好用。就像这一节的标题——一语入心，脱口而出。

之前说过，创意追求熟悉化和陌生感。大脑喜欢熟悉的材料，陌生的组合；讨厌陌生的东西，熟悉的套路。好的表达，不是帮自己说，而是帮对方听。发信号是为了收信号，想要人家接收信号更容易，就必须用对方熟悉的东西，而不是我们自己熟悉的东西。但是如果把话说得好懂到习以为常的程度，又变成了套话，变成了空话、废话。太难懂不行，太好懂也不行，只能取其恰好。这里，我给出几个锤炼语言的方法——

第一个，语义还原。

一个"事实"一旦被人总结成"概念"，这个"概念"就会被人以肤浅的形式滥用。最后，这个概念的真实意义甚至会被人遗忘。就比如，"广告语"这个概念，它本来是"告知产品核心竞争力的有效话语"，现在被当成配在商标下面点缀的一行字。"LOGO"的本意是"品牌竞争力的识别符号"，而现在，LOGO 却被广大人民群众当成了一个好看的小图标。"品牌"也是这样，本来品牌是指"同类产品间各自'绝活儿'的标记"，现在被当成了随便一个什么产品的称呼。

概念、术语还有形容词，都是语言的躯壳——活力已经不在了。想要让语言有力量，就必须还原它们的本来面目。"土地革命"，有力量吗？必须还原成"打土豪，分田地"才够劲儿。

语义还原的力量到底有多大？有这样一句话——我非常重视这一次相聚。你听了感动吗？看看李宗盛是怎么说的——为了这次相聚，我连见面时的呼吸都曾反复练习。言语从来没能将我的情意表达千万分之一，为了这个遗憾，我在夜里想了又想，不肯睡去……

郎三，是哈尔滨知名体育教练。他经营一家专业的训练馆多年，名字和宣传话语也不固定。我给他出两个主意，首先，放弃现在难懂的名字，直接叫"郎三训练馆"；然后，口号里"专业"这个概念太空洞，我建议他改成"我们更懂训练"。专业，本是真话，直接说专业反倒像假话了。改成"我们更懂训练"，不就把真话又说成真话了吗？这种表达方法就是语义还原。

第二个，给出细节。

把概念说明白就是语义还原，把形容词说明白，就是给出细节。给出细节，会让表达更可信，理解更简单，印象更深刻。

比如，李向东入味叫花鸡，"入味"是品牌特性，但总感觉不像真的，给出细节说"骨头留着下面条"，马上"真"到不容置疑。缺少细节，是谎话基本的特征。

我曾经策划过两个英语学校的品牌，他们最初都给自己定义成"英语教育专家"，这样的广告说辞可以说是没有任何传播力量的，满大街都是。我分别给他们创作的"学英语，找到方法更简单"和"请一个外教，立一个标杆"两句广告语。这两个语言表达都是用给出细节的方式来加强传播力量的。

想让别人透过形容词看清我们的品牌，就好像让人隔着雾去看一朵花儿，想让花儿清晰地出现在人的眼前，就必须讲出细节，给一个特写镜头。

第三个，替听众说话。

描述自己的优点，不如描述用户的痛苦。

【案例】

我给武汉"平头牙匠"口腔连锁品牌创作的一条宣传口号"放纵你的笑容"就是在描述用户的痛点——因为牙齿不好看都不敢痛痛快快地笑。如果换成品牌是"牙齿矫正专家"这句话,和用户的关联程度就弱了很多。

（见插图：平头牙匠）

说卖点，不如说爽点；说爽点，不如说痛点。

第四个，极端用语。

让品牌语言信号的口气尽量肯定，态度尽量强硬，就会更加引人注意，加深印象。

比如，我公司的"笨人企划，与一切花架子为敌！"，再比如，我给一个水果茶品牌创作的广告语"半杯水果一杯茶！"，给一个幼稚园品牌创作的"3年，120个好习惯"，等等。

（见插图：杏坛林）

放纵你的笑容

平头牙匠 / 刘耕工作室品牌策划作品

3年，120个好习惯

杏坛林 / 刘耕工作室品牌策划作品

第五个，顺口溜。

很多老话儿、俗语、谚语，之所以广为流传，就是因为顺溜。像"饭后百步走，活到九十九""冬吃萝卜夏吃姜，不用医生开药方""老乡见老乡，两眼泪汪汪"……顺口溜，每个人都能说出一大堆。顺口溜的好处不仅是能够脱口而出，而且自带说服力——大家都不用过脑子，就觉得顺口溜说得对。将品牌语言信号设计成顺口溜，可以节省传播成本，提高传播效率。

【案例】

心知行幼教在宝泉岭农场，是一家民办幼儿园。幼儿园自建教学楼建筑面积4300平方米，校园占地面积7140平方米，是黑龙江东部地区巨无霸型的幼教、幼儿园综合体。我给品牌创作的传播口号是"好习惯，心知行，人生路上我先赢"，这就是顺口溜。孩子们从小反复传唱，就会在记忆里扎根。说不准什么时候，比如他们自己的孩子该上幼儿园的时候，这句话就会脱口而出。

（见插图：心知行幼教）

好习惯 心知行 人生路上我先赢

心知行幼教 / 刘耕工作室品牌策划作品

【案例】

　　三小路口煎饼果子,是佳木斯本地著名特色小吃,有30多年的历史。我为其创作了一条广告口号,叫:"三十年没变味儿,还是那个实惠劲儿。"也是采用了顺口溜的方式。除了顺,我还把"个大量足"的产品特性融合进去了,听到前半句你一定会以为三十年没变的味道是"好吃",结果没变的味是"实惠",增加了一个小意外,给人印象更加深一些。

　　(见插图:三小路口)

即便不押韵,口语话术也应该尽量流畅。说起来要像"半杯水果一杯茶"那样通顺,尽量不要把话语设计得太绕。别嘴的话没人爱讲,因为万一咬着舌头是很疼的。

我接送孩子,经常会路过一个高中。有一天,我注意到学校墙面上有一句话,写着"自信,源自伟大理想的树立,是成功之路的起点"。我就问刘果同学,这句话能看懂吗?她说,差不多。等回到家以后,我就问她,刚才那句话是怎么说的,结果她试了几次都说不出来。

不是说朴实的语言不好,只是说有些需要传播的语言最好能够有点

三小路口

邵家 煎饼果子

30年没变味儿，还是那个实惠劲儿！

三小路口 / 刘耕工作室品牌策划作品

"金句"的特质，才好流传。如果，把学校墙面上的句子改成"无信心一切皆无，有希望一切皆有"，是不是好了不少？

第六个，稀缺。

创作广告文案的方法是讲不完的，但都可以统一归结为一个词——稀缺。因为稀缺可以解决大部分传播难题。稀缺，能解决注意力，能解决记不住，解决认同度，甚至购买行为。稀缺的东西，就算没用人们都会感兴趣。

商业世界最稀缺的大概就是"真诚"，所以真诚可以用。比如"中国策划第一人"不真诚，"非著名相声演员"真诚。

还有"体贴"，士为知己者死，女为悦己者容，被体贴是幸福的，也是稀缺的。比如"精品牙齿正畸品牌"不体贴，"放纵你的笑容"体贴。再比如"热情周到，童叟无欺"不体贴，"只买对症，不买贵"体贴。

窍门，也很稀缺，可以在文案里提出问题或给出答案。

机会，也很稀缺，在文案里可以讲机会难得，错过就没了，错过后悔。

…………

方法是学不完的，重点是掌握原则然后创造自己的方法。

总而言之，品牌语言的信号优化，能做到简单、熟悉化、陌生感是最好的；实在做不到的话，就尽量简单明了。因为消费者不喜欢思考，所以宣传语言最重要的、最基本的原则就是要容易理解。之前也强调过初创品牌要选择难做的事情做，因为，我们要把"容易"留给消费者，把困难留给自己。不要让消费者动脑，让我们来动脑。

他们喜欢简单，我们逼疯自己。

3. 一图传神，挥之不去的品牌形象

我们一想到品牌的视觉形象信号，就想到LOGO、颜色、字体、吉祥物、代言人、牌匾、包装、装修、服装鞋帽……然后就感到形象信号似乎要比语言信号复杂得多。

这是个误解。

品牌形象，是一套"组合拳"，由颜色、花纹、LOGO、字体、插图等多个招式配合而成。目的是形成一种专属自己的鲜明的气质，目的是让这个气质很有力，是把人一拳打倒。品牌形象，是一剂"复方药"，由颜色、花纹、LOGO、字体、插图等多味药材配伍而成。目的是形成一种专属自己的鲜明气质，目的是这个气质很对症，是药到病除。

所以，重点不是元素，而是配合。给品牌包装形象，不是做填空题。颜色、花纹、LOGO、字体、插图……不是别人有啥，我就得有啥。品牌气质，不是把所有元素都凑齐了，简单相加的结果。不为品牌气质服务的视觉元素，都是累赘。

大多数品牌的视觉形象不佳，问题都是出在这——只拼凑，不配合。

配合最要的是——分主次。

想要的气质不同，手段的配合当然不同。举两个例子——Apple，选择用一个被咬了一口的苹果作为主要视觉符号加上大面积的黑白颜色，就打造出了一种"简约高冷"的品牌气质；和 Apple 不同，可口可乐没有 LOGO 符号，只用一个名称的花式字体加上大片的红色，就展示了"热情活泼"的品牌气质。如果，这两个品牌，不分主次，让LOGO、艺术字体、花纹、卡通人，颜色轮番上阵，品牌气质肯定保不住，品牌形象必定荡然无存。

我们去超市，去商场或大街上随便拍照，得到的绝大多数品牌都毫无鲜明的气质可言。大多数都是视觉形象元素不会配合的原因，每个元素都很炫，组合到一起品牌的气质却出不来。那我们为什么总是忍不住去变换花样呢？

因为"炫技"也是人性！

（见插图：分主次有气质，不分主次就没有气质）

目的是把人打倒，不是展示招式。在"炫技"的路上跑太远回不来了，怎么办？回头盯住目标就好了。

我们的目的是优化品牌视觉信号。我们的目标是塑造鲜明的品牌形象气质。品牌形象，最重要的就是"识别性"，不是为了和别人相似，而是为了和别人不一样。所以，品牌形象元素不要变，元素组合方式也不要变，想突出什么就一直突出什么。只有这样才能保证品牌形象气质

分主次有气质，不分主次就没有气质

组织品牌"展示面"的元素时,一定要分主次,突出主题,要"众星拱月",不要"群龙无首"。品牌表现没有重点,就像一个人没有脸,"脸"之不存,"气质"焉附?

的鲜明和稳定，才能保证传播效率最高，传播成本最低。

品牌气质要鲜明、深刻，要稳定，视觉传播元素的组合就必须要有所侧重，且固定不变。品牌包装就是打磨展示面，而不是360度的所有面。品牌展示形象的元素就必须分主次，常见的搭配策略有这样几种——

第一种，先色夺人。

很多人都想不到，塑造鲜明的形象气质，传播效率排第一名的元素竟然是颜色（或大面积的花纹）。道理很简单，因为颜色（或花纹）接受起来最简单，不用动脑，甚至不用细看。颜色（或花纹）被忽视的程度也是最多的，很多品牌不仅不准备占有一个颜色（或花纹），而且有了还想着经常换。品牌换一次颜色（或花纹），相当于在消费者心里给自己擦掉了一次。

举一个小例子。我家的小学生每年都有两次视力检查，老师在家长群里发布消息的时候，首先交代了时间、地点，然后又特别说明别忘了带上"小绿本"。"小绿本"就是"视力检查记录本"。老师说"小绿本"的时候所有家长都知道带什么，如果说带上"视力检查记录本"可能很多家长反倒不知道带啥了。再比如，我说"红罐凉茶"或"蓝罐可乐"，大家都知道指的是什么吧？这就是颜色的力量。

（见插图：小绿本）

颜色（或花纹）非常容易和别的品牌"撞衫"，但是别人一般都善变，我们如果能坚持住，就能形成识别性。

第二种，突出卡通造型、代言人。

带表情和性格的卡通造型识别性也非常高。因为人识别表情和性格简单直接，也不用动脑。

一般来说名人都有稳定的个人形象，也都有固定的人设。请他们来代言品牌，就相当于把品牌的气质转移到他们身上了。可以找号召力很大的当红名人；也可以找古代圣贤名士；还有用动物、植物的……总之，代言人可以快速将品牌人格化，让品牌鲜活起来，快速建立品牌的形象气质。

（见插图：云宴三花猪、国三中医院）

第三种，突出 LOGO 符号或品牌名。

小绿本

云宴·三花猪

- 瘦肉型黑猪开创者 -

云宴三花猪 / 刘耕工作室品牌策划作品

国三中医院/刘耕工作室品牌策划作品

大家都觉得很重要的 LOGO，要想取得很好的"发信号"效果，则要加倍努力了。其实本来 LOGO 确实是重要的品牌形象识别元素，也可能是因为重要吧，现在被使用得泛滥成灾了。同行业、跨行业之间相互借鉴、模仿，导致 LOGO 的识别性越来越差。像那个年代"被咬的苹果"或"耐克的对勾"这些小符号，识别度确实是显著的。但是今时不同往日，新出来的 LOGO 想要脱颖而出，对设计师的创意水平是个极大的考验。甚至，就算是国内外知名设计公司的有些最新作品，看上去也会有似曾相识的感觉。

看一下历届全运会 LOGO 设计——从最开始的质朴，逐渐求新图变，到 2009 年（第 11 届）达到了个性化和识别度的顶点，再后面的几届则明显地感觉到创新乏力。

（见插图：历届全运会 LOGO 对比）

所以说，如果没有特别的 LOGO 创意，那么不用也罢。形象设计是为了与众不同，而不是为了与人相似。识别性不显著的元素不能给传播加分，只能给品牌拉分，宁缺毋滥。还是那句话，目的是把人打倒，不是展示招式。LOGO 不是必需的，品牌形象才是必需的。省略 LOGO 符

历届全运会 LOGO 对比

号而个性鲜明的品牌多得很，比如，"可口可乐""Jeep""全聚德""椰树"等等。

总之，LOGO 符号足够好就突出 LOGO，否则就突出品牌名。

（见插图：伯乐少儿美术活动基地）

第四种，展示产品。

精美的照片或创意图像，彰显气质也很直接，被人识别和接收也不难。如果产品外观很帅、很酷、很特别，品牌气质就在产品上。抓住一切机会展示产品就行了。

第五种，通过创意图形、艺术插画展示品牌神采。

有些产品的样子本身就没有吸引人的特点，或者有些提供服务的品牌产品更是看不见的，就需要在包装上通过抽象的创意图形、艺术插画、色彩或留白风格……来展现品牌精神气质，展示品牌的神韵和风采。

伯乐少儿美术活动基地 / 刘耕工作室品牌 LOGO 设计作品

【案例】

在生活用纸这个行业里,大家追求的功能特性太多了,反而忘记了"卫生纸"的根本价值属性是"卫生"。所以,我给泉林璞臻本色纸的品牌价值定位是"干净"。璞臻牌的纸要做最干净的纸,要干净得一尘不染,干净到只剩下纸了。你可以用它擦伤口,也可以用它来蒸包子……

为了让"干净"的特性更加直接,更加可信,我专门给产品包装上创作了一组小宝宝的插画,并把璞臻纸定义为母婴用纸。因为,所有人都知道,如果连小孩都能用的,那一定是最干净的。

(见插图:泉林璞臻)

这里值得注意,气质不是只有高端品牌才需要,低端的产品做出低端的感觉并保持稳定也是品牌气质。不论高端、低端,气质重在鲜明,重在识别,重在稳定。

从我这 20 年的从业经验来看,品牌管理者擅长打造品牌视觉形象的几乎没有。所以,在我印象里通常的情况都是——设计师一撒手,品牌气质就掉地上了。

打造品牌气质这件事,之所以让大多数创业者感到头疼,难就难在

璞臻 PUZHEN

至朴至真
本源本色

泉林璞臻 / 刘耕工作室品牌策划作品

泉林璞臻 / 刘耕工作室品牌策划作品

气质这种东西是一种审美感受。感受是很主观的，是说不清道不明的；感受别人容易，感受自己难；看起来容易，做起来难。如果正在读这本书的你，也并没有这方面的基础，我还是建议你把这个工作委托给可靠的专业人士去做比较好。

说不清楚，倒不是不能说。如果非要让我说，到底怎样才算是好的品牌形象？我只想说一个词——清爽。清爽，就是看起来不烦，不乱，利利索索，干干净净。

（见插图：清爽、北极冷饮、龙江装饰）

有一些人在微信里卖货，随便找个什么窝窝囊囊的图就当作微信头像；朋友圈发的图片也不讲究，弄得乱七八糟，里倒歪斜。这就像一个人不梳头、不洗脸就去见客户一样。别指望别人会通过他邋里邋遢的外表，看到他美好的内在。这样不拿形象当回事儿，不管卖什么，都会被当成"地摊货"的。

尤其是高端产品，品牌的外形气质是极为重要的。很多高端产品得不到市场的认可，并不是产品不好，而是因为它看上去就不像是个好东西。不要让超级棒的产品，看起来却像个土鳖。

清爽（右图来自淘宝官方微博）

北极® 冷饮

- 始于1987 -

青春，没有年龄的界限

北极冷饮 / 刘耕工作室品牌策划作品

北极冷饮 / 刘耕工作室品牌策划作品

龙江装饰 / 刘耕工作室品牌策划作品

虽然消费者自己气质未必好，但他们看品牌可是很准的。有调查数据表明，一个人眨一下眼睛需要 100 毫秒，但只需 50 毫秒就能判断出一个产品值不值得买。能有这样的速度，主要靠气质。

4. 把视听信号综合为一个身份标签

创业者并不是在企业内部创建自己的品牌，品牌是在用户群体的心里长出来的，品牌是用户集体的共同想象。创业者只是负责浇灌、培养这一棵想象的小苗。培养的过程，就是品牌发信号的过程。

品牌发信号，发出去的是形象或气质，语言或腔调，但最终落实到消费者心智上的却是一个感觉或意象。顺利地把"感觉或意象"装进消费者的大脑，成功地把"种子"埋了，品牌传播的任务才算完成。而执行这次任务的语言信号、颜色信号、味觉信号、感觉信号……只是达到目的的手段，是喂药的勺，是捕鱼的网，是指月亮的手。

品牌发出的各种感官信号，并不是孤立的、拼凑的。为了完成任务，它们之间绝不能各自为政，要协作，要知道所有事都是一件事。如果把所有信号合理地综合起来，使传播力量加倍了，那就形成了一个超级信号。

这个超级信号就是品牌的"身份标签"。

比如我们让一个人讲一讲自己生活的圈子,他(她)可能会这样说——我有个美丽大方、温柔体贴的妻子;一个长得帅,而且只爱自己,不爱别人的男朋友;一个有实力而且重情重义的大哥;一个有趣的好兄弟;一帮讲诚信的生意伙伴;等等。他一定觉得自己已经说得很明白了,但其实对于接收信号的人来说,并不知道他说的都是些什么样的人。

为了让传播更有效,我们可以把那些人物的"声音容貌,行事作风"封装到一个标签里。比如,我有个"杨过"一样的男朋友;"萧峰"一样的大哥;"韦小宝"一样的好兄弟……

标签所以是所有信号之集大成者,是因为它把复杂多样的抽象的信息,变成了简单具体的信息。品牌身份标签,能把品牌的使命、创新能力、产品特性、形象气质……都封装到一个压缩包里面。

我们提倡品牌要人格化,品牌标签如果用在人身上就是"外号"。我们用千言万语去介绍一个人,可能还不如直接给他取一个外号那么简单明了。比如:齐天大圣孙悟空、黑旋风李逵,还有各种小诸葛、赛华佗、飞毛腿、水上漂等等。

给人取外号，也就是把人脸谱化。如果品牌也能像戏里的角色一样脸谱化，让人记住就变简单了，因为以貌取人、以名取人最简单。虽然我们明知道"刻板印象"是不对的，但我们总是一错再错。

品牌要人格化，品牌创始人就是品牌形象的绝佳代言人。品牌和品牌创始人最好都有相互加分的一个身份标签。比如小米品牌给人的第一印象是"产品很多，但性价比都很高"，用雷军的话说叫"价格厚道"。而雷军被称为"中关村劳模"。"劳模"做"厚道"的产品，真是人剑合一，相辅相成。

最简单的品牌标签当然是以"人物角色"的形式出现的，用一个词语就能带出品牌的行业、特色、气质、作风甚至使命。创业谋士：刘耕。谋士，就是我的标签，它虽然只是一个词语，但也传达了更多内容，比如"爱思考""爱读书""不太喜欢凑热闹""只求说的对、不求说的算"等等。

（见插图：创业谋士）

标签也可以是一个感觉或印象，没有一个明确的阐释这个感觉的词

创业谋士

语。顺丰快递，属于这种。它没有明确提出过自己的标签，甚至也没有广告语。虽然不太好讲明白，但它是有鲜明的、稳定的品牌感觉或印象的。这种"无声胜有声"的品牌标签塑造起来有一定难度。

品牌标签或创始人标签（往往表现为人物外号），想要鲜明，想要深入人心，必须先选择一个恰当的"标签"，然后不断地强化它，使它无限放大。这当然是最理想的状态，而事实上我们做的远远不够。

所谓强化，就是占有一个标签之后用行动，用事件，或者用愿景（成功后的图景）把标签丰满起来。而行动、事件或愿景就是"品牌故事"。或者可以说，标签就是品牌故事的标题；品牌故事就是标签的正文。

【案例】

刘耕的标签是"创业谋士"，品牌故事只有一句话"全球唯一工作室不装灯泡的人"。把这句话展开——

"风吹稻花两岸香……目前，我'隐居'在东北松花江上的某个小镇。有时候打鱼，有时候读书，有时候写诗，还有时候画画、练字儿……有时，也卖弄脑筋，干点帮助企业提升品牌竞争力的活儿，并以此发挥余热，聊以糊口。这辈子，就打算这样慢慢地混日子了……"

这样一来，就把品牌标签给坐实了。

品牌故事重在真实，千万不要虚构那种"我外婆当年给乾隆做过饭""我爷爷在箱子里发现了祖传配方"之类的故事。

　　愿景故事就是讲愿望，讲志向。"道不同不相为谋"，讲出自己的愿景，是非常容易和对方达成共识的，也最容易让标签变得真实可靠。"创业谋士刘耕"的愿景故事是这样的——

　　"跟李白喝酒，跟东坡吃肉，跟刘备讨论天下大事。"

　　品牌故事，不是创业专访。品牌故事是要流传的，所以它喜欢短，害怕长。烂故事，一万句不如一句；好故事，一句顶一万句。

　　（见插图：刘耕工作室、钓月山房）

没有故事，标签就是死的；没有标签，品牌就是死的。

　　能把品牌的图文信号优化好的品牌创建者，就已经很少了。能够把品牌视听信号综合为品牌标签，而且还能把品牌故事讲好的，就得说是凤毛麟角了。如果非要举个例子，占领品牌标签比较成功的，"农夫山泉——大自然的搬运工"应该算一个。

　　因为品牌标签，一直以来没有受到重视，所以很多品牌的标签现在还是空白的状态，或者虽然有标签但是还没有用丰满的品牌故事把标签坐实。这对品牌来说是很不利的，因为我们自己不把标签贴结实了，别

刘耕工作室、钓月山房

人就会给我们乱贴。而且，别人给我们贴的标签常常以贬损为主。贴上之后，再想往下撕就难了。"价格屠夫""假货天堂""坑多多"属于这种。

　　品牌是绝活儿的标记，而标签是标记的极致表达。这当然是很难的，首先你的绝活儿不一定足够"绝"，二未必正好有一个与绝活儿对应的可以借用的"角色"给你当标签。所以，有时候退而求其次，品牌能够占领一个"形容词"或"概念"当作身份标签也可以，聊胜于无。没错，品牌LOGO或广告语宁缺毋滥，而品牌标签聊胜于无。因为，给品牌打上"标签"，就是给品牌下个定义。没有被定义的品牌，像风里的灰尘一样多，一样渺小。

　　李向东叫花鸡的品牌标签是"入味"，龙美高中的品牌标签是"严厉"，三小路口煎饼果子的品牌标签是"实惠"，这些都属于占领形容词的品牌标签。

　　品牌，在用户心里长出来，是用户的集体想象。
　　品牌管理，实际上就是对用户的印象管理。
　　标签，是印象的表达。所以——
　　角色也好，概念也好，形容词也好……品牌的标签可以不够精彩，但不能没有。

（见插图：大文化主义品牌建造——品牌策划）

5. 重复：品牌的关键信号不要变，生也不变，死也不变

某酒厂为了开拓市场，在我所在的城市投了 100 个广告牌。他们竟然让广告公司给每个广告牌都设计了不同的宣传内容，多个品牌商标、产品品种、广告语、颜色，变换花样，轮番上阵……100 个牌子没重样！

一年下来，也没感觉到有什么效果。

我就问他当时为什么不重复一条宣传信息，他说："企业产品多，放下哪个都觉得可惜，而且如果只用一句话宣传一个产品也不知道行不行，太冒险了。"

我说："从哈尔滨市区到太平机场，一路上会看到几十个广告牌，上面都重复写着一句话'黑土地牌大米，真的五常大米'，当我需要五常大米的时候，一下就想到了它。并不是这句广告多么有创意，而是重复的力量实在太大了。其实就算什么广告创意都没有，你就直接把一个商标（或产品）放在牌子正中间，用 100 块牌子展示 1 年的效果都会非常好。"

一切成功都是思路的成功，一切失败都是决策的失败……这弯路走

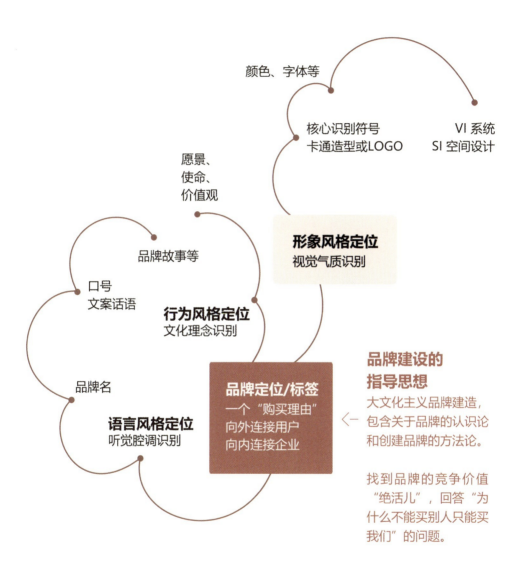

大文化主义品牌建造——品牌策划

的真是太可惜了。

如果一个品牌不能集中时间投入那么多广告，那就更要重复了。

创建品牌总共分两步：

做对承诺，履行承诺。

就是说，"先做对一个承诺，再慢慢地集中资源去完成这个承诺"是创建品牌的两个重要环节。在教科书里一般会把这两点称为"战略"和"执行"。

因为"履行承诺"的过程细碎而漫长，所以常常给人感觉好像更加重要。而事实上，这两点都很重要。没有"执行"的战略，只是空谈和幻想；在没有正确承诺的情况下履行的汗流浃背，则是盲人骑瞎马，累死也白搭。

"做对承诺"就是给自己贴上了恰当的标签，标签是绝活儿的极致表达……我们已经用很大的篇幅讨论过了。

"履行承诺"的过程又包括两个方面，分别是："做"和"说"（也就是"生产"和"宣传")。"做"不到,叫失信;"说"跑题,叫失焦。品牌创建失败的原因千万种,但失败的底层逻辑就这两个。

"做",是企业自己的事情,我这里就无能为力了,毕竟创业谋士只是个"指路人",并不是一个"同行者"。扶上马送一程,分手前容我在"说"这件事上,再嘱咐几句话——

如果走错方向,就赶紧掉头。但品牌一旦给自己定义了正确的标签,做对了承诺,就不要变了。因为大多数人都不愿意坚持,所以如果我们能坚持到底,我们就赢了。"谎言说上一万遍,就成了真理。"品牌宣传无它技巧,就是要重复,重复,再重复。就要把南墙撞破,太行铲平,铁杵磨细,牢底坐穿;就要衣带渐宽终不悔,为伊消得人憔悴……这是只有聪明人才会下的笨功夫。

广告大师李奥·贝纳答应帮助万宝路香烟打造品牌,签了50年的服务合同。合同到期的时候,雇主问大师,你是不是把我们骗了,第一年你给我们找了一个牛仔,剩下的49年你什么都没干啊?大师说,剩下的49年我负责看着你们别把牛仔给换了啊。

在刚刚听说"削足适履"这个故事的时候,我们都觉得这世界好像不会真有那样的人。但是,在现实中为了适应"材料或尺寸"而随便修改"品牌标准"的人,非常非常多。

消费者的大脑就像石头,品牌标签就像水滴,品牌想要在石头上留下痕迹,就得一直滴。

6. 小结

创作品牌图文表达信号一定要有大局观。没有大局观,设计 LOGO 是画图的问题,有大局观塑造品牌形象是商业竞争力的问题;没有大局观,写口号是遣词造句的问题,有大局观确定宣传语言是品牌战略的问题。信号是手段,品牌才是目标。表达没有目标,就像作文没有主题——形散神也散了。随便找个超市逛一圈,我们就会发现九成以上的品牌信号都是跑题的、拼凑的、没有意义的。盲人摸象的道理谁都懂,心有全象的人太少了!

品牌语言传播信号,不论名字、广告语、介绍话术或广告文案,都遵循同样的标准——一语入心,脱口而出。也就是说,凡是不好听的,听一次没听明白的,听明白不认同的,认同但记不住的,或者强行记住了也不能随时脱口而出的,都是糟糕的语言信号,不能用,得换。

品牌视觉传播信号组合，不论突出颜色花纹、卡通吉祥物、LOGO字体或是插图照片，也都有着同样的规则——一图传神，挥之不去。凡是不好看的，看一眼不明白的，记不住的，想不起来的，都是不合格的视觉信号。

不仅"语言信号"和"视觉信号"要好，这些信号的"协作组合"更加重要。有所侧重的、不轻易改变的组合可以给品牌塑造出一个鲜明、稳定、深入人心的超级信号。超级信号就是品牌的身份标签。品牌被定义了一个标签，再通过品牌故事让这个标签"一词占领心智"。在现场被消费者挑选出来的都叫散货，在家里躺床上就决定购买的才是品牌。品牌占领了一个词，因此品牌能够被人"点名购买"。

品牌必须拥有自己的超级信号，即深入人心、脱口而出的品牌标签，才算成功地完成了创建品牌的准备工作。

传播失败，大都是因为品牌信号"多"且"变"；而成功的关键，是"单一"加上"不断重复"。

总结

多年前，我曾以市文化产业协会专家顾问的身份受邀参加一个座谈会，讨论主题是——佳木斯该如何打造城市品牌。参加会议的有市委宣传部的领导，文化产业协会的领导，还有本市各界文化精英和从佳木斯走出去的文化名人，我记得演员张国强也在场。

因为只有我一个人是做品牌策划工作的，大家让我说说自己的想法，我说了下面一番话。

……工作关系，我不是经常要到外地去做项目吗？我经常会遇到什么事儿呢？就是总会有人问我是哪里人，我肯定得说我是佳木斯人。说完之后，那听到的台词可就多了，有人说，佳木斯归哈尔滨管辖吧？也有人说，佳木斯满大街都是俄罗斯人吧？还有人说，佳木斯是新疆的吧？然后我要是说，佳木斯是黑龙江的，他们往往都会继续说，黑龙江的城市有林都伊春，有油田大庆，有东方第一哨抚远，北极村漠河，有雪乡，冰城……甚至有人都知道煤城鹤岗也不知道佳木斯。

大家点头，表示认同。

我继续说，人家对我们没有认知，不能怪人家。人家又不是福尔摩斯，没事研究我们干什么？让品牌进入他们大脑的工作得我们自己干。想要成功建立起城市的品牌，重要的有两点——

第一，单点突破，定义城市标签。

第二，重复宣传，把城市标签坐实。

像我们这种小城市，如何打造自己的品牌文化？文，就是信息，是标签；化，就是改变，是重复。文化，就是以"文""化"人，就是用信息改变别人。一个城市有文化，就体现为"单一标签，坚持不变"；没文化，就体现为"多个特色，轮番宣传"。我们不需要很多优点，我们需要一个爆点，"减无可减，深无可深"的爆点。现在的佳木斯简介，我们读完了，基本上什么都记不住。为什么？说白了，就是想要表达的太多了。"东方第一城""东北小延安""女真发源地""赫哲族之乡""食品安全城""文明城""英雄城""双拥城"……是不有点太多了？

我一番话，起到了抛砖引玉的作用，大家开始认真地讨论起来——

搞鱼皮画的艺术家，认为鱼皮画足以代表佳木斯；历史专家则提议，把佳木斯打造成东北抗联的英雄之城；农民企业家则认为佳木斯大米完全可以胜任……

想要太多，就会失去所有。

许多年过去了，佳木斯还是那个原来的不被人注意的佳木斯。想要种一棵树的最佳时间，是十年前，其次是现在。没有种子的土地，就是一堆土圪垃；没有标签的品牌，就是一个商标。那么，你的品牌怎么样了？找到小范围的关键用户了吗？

洞察到用户的难题了吗？

有独家解决方案吗？

设计关键体验了吗？

有好懂好记的图文表达信号吗？

定义品牌身份标签了吗？

有广为流传的品牌故事吗？

有重复到底的决心吗？

（见插图：大文化主义品牌建造——品牌之路）

本章难点

1

格力空调的广告变了好几次，并没有重复到底，但格力还是卖得很好啊？

前面说过，语言创意追求熟悉化和陌生感。大脑喜欢熟悉的材料，

品牌之路

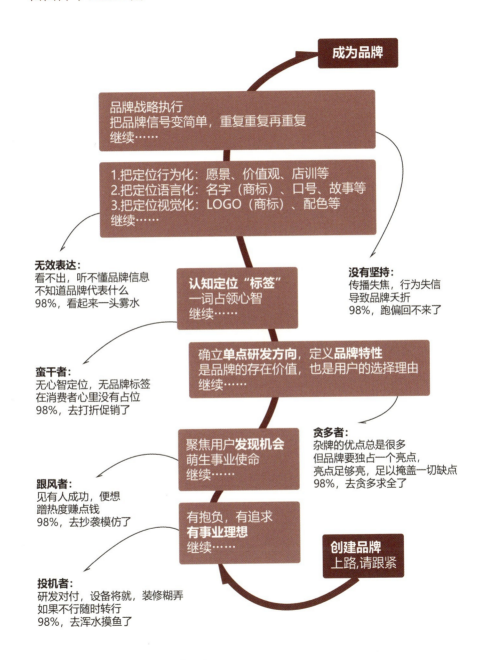

大文化主义品牌建造——品牌之路

陌生的组合；讨厌陌生的东西，熟悉的套路。品牌表达信号要情理之中，意料之外；要浅显而惊奇；无隔膜而有花样。格力空调的最新广告"有凉感，无风感"比旧广告"掌握核心科技"要好很多。这只是说法的升级，而品牌标签"好空调"并没有变。升级说法，是把"标签"说得更好了，而不是换了。当然，如果最初的说法足够好，用不着升级就更完美了。

"说什么"不变，"怎么说"升级。"标签"不可推翻，"表达"可以改善。如果新聘请的品牌营销经理想要给品牌贴上一个标签，你要支持他。如果他提议把已有的品牌标签给换了，那你就先把他换了吧。

2

品牌延伸，一定不行吗？

把单一品牌延伸到更多产品上有成功的，但更多的是失败的。早些年有一个春兰空调，在央视打过广告，有了一定的名气，后来就开始品牌延伸，用"春兰"做摩托车什么七七八八的东西。还有一个叫"南极人"的羽绒服品牌也是在有了知名度之后，开始无节制地品类延伸，不仅在服装、鞋帽品类上，还有按摩椅、洗衣机，甚至还有拖把……给人一种趁着还有点知名度，"对韭当割，人生几何"的感觉。我们不能说品牌延伸是品牌成功失败的绝对原因，因为成败是很复杂的事。但稀释品牌的专业性,绝对是一种减弱品牌竞争力的行为。

如果一个本来聚焦单品的品牌,被"附体"了一个精神标签,并建立了社会威望(威望不是名气,而是名气+信赖感),大概率品牌延伸就没问题了。比如,蓝色巨人"IBM",高性能电子产品"hp",性价比之王闭眼睛也买不错的"小米"等等。至于自己的品牌代表专业,还是代表威望,每个人心里都有一杆秤,还得问自己。

总而言之,被动的扩张无妨一试,主动的贪婪必自食苦果。

3

为什么感觉净是些废话,能不能讲讲创业成功的捷径或者秘籍?

投机取巧,往往聪明反被聪明误,上帝喜欢笨人。难度,是竞争者进入的门槛。我们做的事情越简单,也就越没有竞争力。人总是在"正确"和"容易"之间做选择。初创企业没有选择容易的资格;难为自己,是唯一的生路。

4

虽然"减法"是对的,为什么感觉"全面"更好呢?

还记得第一章里"百鸟朝凤"和"坐井观天"的故事吗？我提到过，消费者认识品牌只看展示面。其实不仅如此，在"展示面"里他们也只看最大的"字"。为了创建品牌，我们创业者必须"全面"；为了让品牌被接受，品牌的展示必须"片面"。

为了成为一个适合创业的人，我们必须先博后专；而为了创业顺利，我们必须先减后加。不增，则不能茁壮成长；不损，则不能为人所用。增增损损，成人达己。

第一章还说过，所有道理都是在××情况下才有用的。

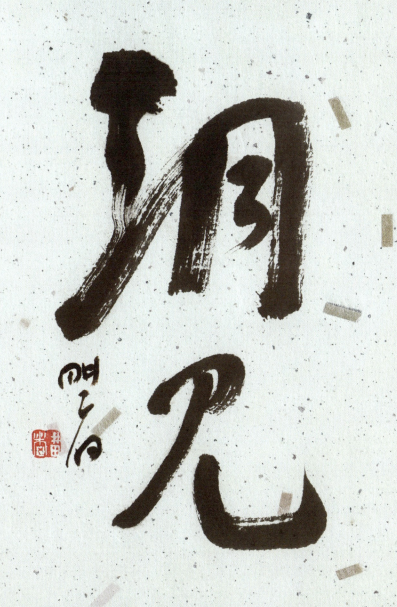

洞见 / 刘耕

第四章　的

　　本来"创业第一步"就是个完整的句子,已经表达完整的意思了。后面再跟一个"的前1步"之后,意思的重心就变成了创业第一步之前的那1步了。

　　所谓的"前1步",就像本书的副标题解释的,就是——如何成为适合创业的人?这个主题终究还是包含在创业的范围之内。虽说叫"前1步",其实还是"第一步"。只是通过这样拐个弯,在表达上制造一个陌生感,从而达到引人注意和加深印象的目的。

　　所以,在本书的名字里,"的"这个字就是为了"引人注意"而故意设计的一个小小的"注意点"。产品不被注意,再好没有意义。

　　这一章我想谈谈创业的关键——"注意力"。

意外，创造了注意力

我们在大街上都听过这样的声音："倒车，请注意；倒车，请注意；倒车，请注意……"听到这个提示，我们都会下意识地躲开那个车。但我想问问你，上次你听到发出这个声音的机动车是什么颜色的？或者你第一次听到这个声音是何时何地？

我想，这两个问题很多人都回答不了吧？因为那个车是什么样子的和我们没有关系，所以我们的大脑在处理这个信息的时候，直接把它给忽略掉了。人的大脑对待陌生的品牌也是这样的，可以想象到，我们想要提高品牌知名度该有多难。但是品牌知名度是永远不够的，没有大众的认知，就没有小众的选择。我们肯定是希望更多人注意并记住我们的品牌，不管是目标用户，潜在顾客，还是路人，反正越多越好。

这时候，意外思维就派上用场了。我们在这里做一个大胆的思想实验，把刚才的录音改成"不倒车，请别注意；不倒车，请别注意；不倒车，请别注意……"然后，在大街小巷穿梭播放，会怎么样？熙熙攘攘的行人想不注意你都不行，想不记住你都不行吧？相信就这样在路上跑几天，我们就会轻而易举地成为一个城市的红人——被交警骂得满脸通红的人。

在出名面前，被交警骂又算得了什么？我们在社交媒体上都见过，倒爬树的，跳冰窟窿的，活吃青蛙的……为了吸人眼球无所不用其极。想起央视某著名主持人说的"收视率是万恶之源"，真是一语道破天机。

听闻一个故事，很有趣。某大国，某酒吧，一个记者遇到总统正在和人争论什么事，便走上前打招呼：

你好，总统先生。你们在干什么？

总统答道：

我们准备派兵干掉四千万××国人和一个修自行车的。

记者追问说：

那个修自行车的人怎么了，为什么要干掉他？

这时候，总统转过身拍拍旁边那个人的肩膀说：

你看看，我就说吧，根本没人关心那四千万人。

人不关注正确的，只关注特别的；不关心优秀的，只关心意外的。

意外，是一种思维方式

东龙鲟业是来自中国抚远的鱼子酱生产企业，主要为全球高端用户提供正宗鲟鳇鱼子酱。有一次，李总约我参加一个他们企业内部的会议，跟他们共同讨论研究开发新品的事。鲟鳇鱼子酱产品的价格不是普通人能接受的，企业还不能给产品降价，这是产品属性决定的。但，品牌总是希望被更多人认识和体验的。因此，企业准备推出一款小包装的产品。

然后大家各抒己见，在名字、价格、包装、销售渠道等方面谈了很多想法。

我感觉大家说的都太中规中矩了，所以我也提了一个建议，说：能不能生产一款按"粒"卖的鲟鳇鱼子酱产品？首先，按粒卖说明了产品的珍贵性；然后，同类产品都按"克"卖，只有我们按"粒"卖，非常特别，非常引人注意……

我能冒出这个"歪点子"，并不是来自于一个方法，而是来自于思维方式。

制造意外，就是不按常理出牌。这是一种思维方式，而不是一个方法。制造意外的方法有千种万种是学不过来的，但所有方法都是意外思维驱动的。这就好像"有趣"是来源于一个人轻松的心态，在没有这种心态的情况下去学幽默的技巧，是很难学会的。

意外思维，又是从哪里来的？

想要拥有意外思维，我觉得首先得"放下尊严"。

心理学认为，自卑是最根本的人性，所以人都喜欢通过与别人比较的方式获取存在感。一个人缺乏自信的时候，往往会特别着重在表面上包装自己。名车、豪宅、奢侈品应运而生……总结一句话就是，人们总是希望着能往更主流、更优秀、更光彩的方向包装自己。

换句话说，也就是我们都害怕丢面子，都希望被主流认可。

连青蛙都懂得鼓起肚子让自己显得更强壮；连孔雀都懂得展开尾巴让自己看起来更好看；连小黄狗都懂得通过汪汪叫来掩饰自己的恐惧……是不是突然觉得通过美化自己来给自己壮胆子的行为，其实是挺 low 的？敢不敢反其道而行之——来丑化一下自己呢？

这里如果要举个例子的话，我还是再讲讲自己吧。第一，策划自己是我最满意的作品；第二，作为一个自卑的人，在讲述自己的时候，我也会很兴奋。

在成立公司的时候，市场监督管理局的工作人员建议我至少想 20 个企业商号名。我说，我就想一个，如果核名过不去，我就不干了。他不屑。见我提交的名字是"黑龙江笨人企业形象策划有限公司"的时候，他说，你这名字真没人跟你抢。

"创业谋士"是我的标签；"全球唯一工作室不装灯泡的人"是我的故事。刘耕工作室（钓月山房）为什么要不装灯泡呢？因为"谋士"要"日出而作，日落而息"呀。又是为什么要"日出而作，日落而息"呢？因为懒啊。反正我也无望成为全世界最有钱的策划人，就让我做一个全世界最清贫的谋士吧。

所以，刘耕工作室（钓月山房）其实只是个茅草屋；我只穿最便宜的粗布衣服；不垂涎山珍海味；低碳出行；甚至还留了个光头，把理发的花销也省了……

既非"佛系"，亦非"躺平"，我就是破罐子破摔。

这一摔不要紧，还摔出个个性出来。营销学的老师还编了个说辞，管这叫"劣势变优势"。如果你也有一个无能为力的缺点，也可以试着把它变成自己的特点。

赞誉也好，诋毁也罢，我们十分看重的东西，在别人那里只不过是谈笑间的一些材料而已。我不出丑，别人哪来的谈资？

我的好朋友王智君是这样做自我介绍的——大家好，我是写小说的王智君，姓王，弱智的智，伪君子的君。上一章说过，品牌标签，不管好坏一定要有一个。什么标签都可以，实在不行就随便骂自己一句都行——母夜叉孙二娘，多好的标签。

有人向正在演讲的小布什扔了一只鞋，你猜他会怎么办？他把那只鞋捡起来，看了看说，是39码的。不要端架子，不要太严肃，要有点娱乐精神。在"争面子"的大前提下，去做任何事都注定是平庸的。那些意图褒奖自己的短视频，放抖音里都没人看。

想要制造意外，制造注意力，除了克制虚荣，凡是那些人生下来就想要的东西都可以试着放下，放下就有意外，有意外就有注意力。人天生想要获得，砸掉问题冰箱的海尔就引人注意了；人都想要顺利，遭美国多番打压仍然坚挺的华为就引人注意了；人都想要胜利，甘愿做内蒙古第二乳业的蒙牛引人注意了；人都想要高雅，"今年过年不收礼，收礼只收脑白金"就格外引人注意……

意外思维到底是什么?

大家一起奔跑,掉头的是冠军。

公式

一直强调,意外是一种思维。但如果情绪一直不在线,也是有招式可以顶一下的,这招式就是意外的公式。

让一个人做一辈子好事很难,演一次好人并不难。对于我们创业者来说,需要你爆发"意外力"的光辉时刻并不会很多。你如果真的懂得了制造注意力的底层逻辑,关键时刻施展一下也不难。

(见插图:吸睛指数——"h"公式)

这个公式,就是小写的英文字母——"h"。左面的竖笔代表正常思维,起笔处是意料的开端,收笔处是意料的结果。如果我们做了那些所有人都能想到的事,那就是线性逻辑、科学逻辑,就是没有任何意外的。重点是右面的那一笔,想要出奇制胜就得往旁边拐个弯,给出另一个情理之中、意料之外的结果。所以,右面的一笔就是关键的一笔。

吸睛指数

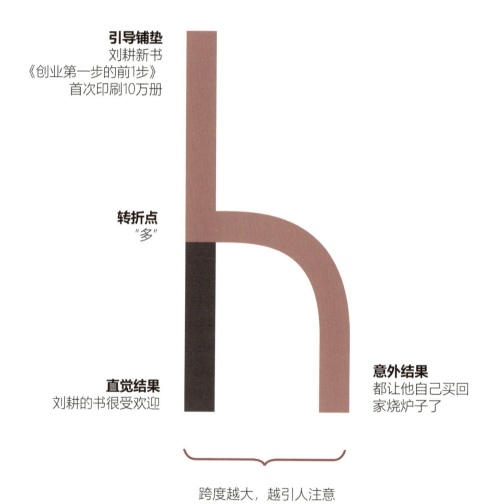

引导铺垫
刘耕新书
《创业第一步的前1步》
首次印刷10万册

转折点
"多"

直觉结果
刘耕的书很受欢迎

意外结果
都让他自己买回
家烧炉子了

跨度越大，越引人注意

吸睛指数——"h"公式

大禹治水，三过家门而不入；商汤捕鸟，网开一面；姜太公钓鱼，用直钩……一笔，便流芳千古。

总结

人不关注优秀的，只关注特别的；不关心正确的，只关心意外的。所以，把产品做好只是基础，如果我们的产品很好，但是没有使用特别的介绍方式成功地引起别人的注意，那我们的产品就白好了。

引人注意，首先要敢于丑化自己，放下尊严。"自嘲"已经去周游世界了，"尊严"还在盯着自己的脚镣。一念之别，云泥殊路。

本章难点

简单理解，意外思维就是不按常理出牌，专和别人反着干。但是，制造意外得靠点谱，把握尺度。为了离奇而离奇是愚人的把戏，反转大了劲就成了抽风。

荷 / 刘耕

第五章　前1步

我们在前面已经讨论过了——创业的第一步是找到小众用户，他们的痛点就是我们创业的起点。

如果"发现痛点"是创业的第一步，那么，"如何发现"就是创业第一步的前1步。痛点到底是如何被发现的呢？我们只有弄清楚了这个事儿，才能成为一个真正的适合创业的人。

这一章谈"创业的心态"。

再说痛点

"痛点",是一群用户的共同难题。没有用户,就没有痛点;没有痛点,就没有用户群。这两句话似乎已经把痛点的意思说清楚了,但还是不够的。想要真正了解痛点,我们还得深入去痛点的里面看一看。如果不能进入用户的心里面去,我们自以为是的痛点往往只是个"伪需求"。因为"伪需求"和"真痛点"太像了,以至于很多天才创业家也会弄错。

无人超市以为"有人服务"是个用户痛点,而实际上,"服务不够"才是痛点……很多时候,我们觉得用户应该有那个痛点,但实际上人家真没有。如果我们以为的痛点实际上是不成立的,那我们为此而投入的资金、时间和热情就统统打水漂了。

营销就是玩转人性。人性,是兽性和神性组成的。[1]古人的思想,以为人性有灵肉二元。肉的一面,是兽性的遗传;灵的一面,是神性的发端。康德也认为,人性形成于远离兽性趋向神性的过程中。[2]可见,神性更多来自后天的文化和礼教,人性的内核其实是兽性。而兽性的底色是缺少安全感,也就是自卑。所以兽性表现为自私和贪婪,也就是——欲望。

---

[1] 张清华. 中国当代先锋文学思潮论 [M]. 北京:中国人民大学出版社, 2013:183.
[2] 白文君. 论康德的人性思想 [J]. 学术论坛, 2007(11):6-9.

终日奔忙只为饥，才得饱食又思衣。冬穿绫罗夏穿纱，抬头又嫌房屋低。盖下高楼并大厦，堂前缺少美貌妻。娶下娇妻生贵子，又怕无官受人欺。四品三品嫌官小，又想面南做皇帝。一朝登了金銮殿，又想神仙来下棋……人的需要是有限的，但想要的是无穷的。生而为人，欲壑难平，这就是痛点的源头。

为了能够成功地把"痛点"给"捉"住，请务必牢记这个痛点的定义——痛点，是现状与期望之间的落差。

发现

人对幸福生活的追求永无止境，所以实际上这世界并不缺少商机，所缺的，只是发现商机的眼睛。

就像前面说的，痛点，是现状与期望之间的落差。有的人可能会觉得，现如今科学技术发展速度这么快，人们的"现状"已经日新月异、惊喜不断，所以对"更好"已经没有什么期待了。事实并非如此，在一些科学技术看不上的或者触及不到的地方，痛点还是大量存在的。

要怎么发现这些痛点呢？

我曾经在某购物平台上刷到了一个产品，给我留下很深的印象，是一种缝衣服用的钢针。这种针在针孔的一侧留了一个小豁口，在使用这根针的时候，省去了把线穿进针孔的环节，完美地解决了老年人眼神不好的问题。

（见插图：免穿针）

老年人穿针引线的困难存在了几百上千年，为什么直到现在才出现这种免穿线的钢针呢？

第一，从用户自己来说，他们对现状不满意，但他们不知道什么是更好的解决方案。他们不会想，也想不到。

第二，在创业者里面，绝大多数都属于那种好高骛远的类型，直接奔着改变人类的目标去了。

第三，少数有"专精"意识的创业者里面，即便想在钢针产品上有所作为，也往往是在和同行赛跑上面下功夫，或者在如何夸奖自己上面伤脑筋。很少有人愿意真心真意地关心用户。

免穿针

使用者自己不用心，生产者又不关心，一个痛点就这么拖了千百年。不知道是不是在某年某月的某一天有一个生产钢针的企业家，在回家探望老母亲的时候，一下子被母亲穿针引线的样子所触动，才发明了这个产品。如果真是这样的话，我们也只能说他的运气很不错。但，如果不是亲妈给他的灵感，而是因为他牵挂着全天下的慈母而发明了这种钢针的话，我们就可以说他是个真正的适合创业的人。

创业者，是关心用户的人。

如果我们把用户的幸福挂在心头，他们就会把钱放进我们的口袋；如果我们只是盯住用户的钱包，他们就会把钱包藏得更深。

爱，是一切的答案

夸奖自己最容易，关心别人最难。我们总是在自吹自擂上伤神太多，在体贴用户上用心不足。托尔斯泰说：如果你感受到痛苦，那么你还活着；如果你感受到他人的痛苦，那么，你才是人。——更是一个适合创业的人。

想创建一个品牌首先要着重做两件大事：找到价值、告知价值。"找到价值"的关键，是发现痛点并给出"解决方案"，而不是想办法比同行做得"更优秀"。"解决方案"的重心是体贴用户，"更优秀"的重心是夸奖自己。"告知价值"的关键，是让用户感受到我们的"努力"，而不是罗列和炫耀自己的"功劳"。"努力"的重心是体贴用户，"功劳"的重心是夸奖自己。"夸奖自己"者死，"体贴用户"者生。一念地狱，一念天堂。

【案例】

明德教育集团，是一家老牌高等教育升学渠道服务商。专注于留学、考研、特招直招、定向培养等升学渠道的开发服务。招生办的牌匾上的业务细碎且多，这就在品牌发展的路上，制造了障碍。

先放弃，再选择。品牌战略第一步是"聚焦"。所以着手策划之后，经过我们反复研究，最终选择了一个主要的业务方向——高考服务。也把服务用户确定为——成绩普通的高三学生。明确用户，让品牌有的放矢。

做完减法之后，品牌的传播信号就变成了：

明德教育——高考升学专家。

我又建议把名字也换了。"明德"出自"四书五经"里的《大学》，非常容易让人联想到"国学大讲堂"，和我们的业务隔了八条街。而且也太中规中矩了，名字最重要的是引起注意，并让人记住。然后，我们又购买了"大拐弯"这个商标，并把品牌名重新组合为：

大拐弯高考——高考升学专家。

这样下来，走过路过的高三学生或者学生家长，只要看我们一眼，就基本上能知道我们有什么用了。

但"高考升学专家"这个广告语还是有点自吹自擂的嫌疑。我们说宣传是体贴用户，而不是夸奖自己。于是，我又给品牌广告语重新创作了一个体贴用户的版本：

大拐弯高考——成绩不好有出路。

成绩不好，是用户的现状；没有出路，是用户的痛点。你的痛点我知道，就叫体贴。

（见插图：大拐弯高考）

品牌策划，如果产品足够优秀，那么不改变产品，只改变产品的介绍方式，也会有神奇的效果。介绍产品的时候该说些什么才能够一语中的，直接触达消费者的内心呢？当然是，描述他们的痛苦。因为描述意味着理解，理解意味着挂念，挂念意味着关心。怎么找到用户的痛苦？当然是用心。用眼睛看，叫观察；用心看，叫洞察。心，是眼的开关。不用心，视而不见；用了心，必然有所发现。

百货商店之父约翰·沃纳梅克（John Wanamaker）有句经典名言，被戏称为广告营销界的"哥德巴赫猜想"。他说，我知道我的广告费有

Da Guaiwan
NEMT

大拐弯®高考

成绩不好有出路！

大拐弯高考 / 刘耕工作室品牌策划作品

一半浪费了,但是我不知道是哪一半。其实这个问题不算难,是很好回答的——那些体贴用户的广告奏效了,只顾着夸奖自己的浪费了。因为道理太简单,所以诺贝尔广告奖我就不要了。

才女林徽因说过一句话:"你若拥我入怀,疼我入骨,护我周全,我就愿意蒙上双眼,不去分辨你是人是鬼!"这不也正好是消费者的心声吗?

小动物,谁对它好,它就粘谁;小朋友,谁对他好,他就找谁;消费者,谁对他好,他就信谁。企业和消费者之间的沟通,最重要的不是信息,而是态度。态度对,一切都对;态度不对,一切白费。

【案例】

讲一讲"巴士天下客车租赁与旅游公司"的例子。看名字就知道了,这是一家提供客运服务的汽车租赁公司,以租车为主,同时也顺带有旅游服务。

如果用内部思维,从资源的方面想,一家客运公司想做一个旅游品牌,那真是太容易了。但是,如果用外部思维,从用户选择的视角来看,就没有那么简单了。因为用户关心的是自己,不是旅游公司。

宣传"我们旅行社用自己的车而不是租别人的车"好像也行,这是差异化吗?是差异化,但不是用户价值。用户不感兴趣的差异化,没有价值。

用自己的车，可以让利给游客，这算用户价值吧？这个算了，但是这个也被我们放弃了。价格战是迫不得已的选项，轻易发起价格战的行为太野蛮了，对谁都没有好处。

做品牌，不是夸奖自己，而是体贴用户。所以，我们还得进入用户的心里去寻找品牌的位置。

不知道你有没有过这样的经历？我们去旅行社报了一个团之后，回到家收拾好行李，便满怀期待，盼望着出发的日子早点到来。终于到了出发的那天，旅行社打来电话，说，因为人数不够所以旅行团取消了。

扫兴不？旅行社能解决这个问题吗？如果愿意，就一定能。品牌策划，不是让企业活得轻松，而是让企业在正确的地方难为自己。

于是，我们把公司的旅游业务单独剥离出来，并重新给取了一个品牌名字，叫：

海山旅游。

搭配一句体贴用户的话：

散客天天发，一人也成团。

（见插图：海山旅游）

真心真意地体贴用户的创业者，会钻进用户的心里去认真地体验他使用产品的全过程，找到那些可以改进的环节。在这些环节里，挑一个最不能忍受的去难为自己。这个不能忍的点，就是痛点。痛点，也就是商机。也有些创业者，以为在产品包装上写一句"诚信为本"或者"厚德载物"就是把用户放在心上了。虽然消费者也能感受到你的心意，但

散客天天发，一人也成团

海山旅游 / 刘耕工作室品牌策划作品

是"诚信为本"或者"厚德载物"只是两个成语啊，人家花钱要买的是痛点的解决方案，买两个成语回家有什么用呀？

逢年过节都收发短信吧？

比较一下——"祝您新年快乐，万事如意，心想事成，事业顺心，家庭幸福……"和"耕哥，听说了您在多个场合对小店给予褒奖，感谢对兄弟认可……"；"祝您教师节快乐！工作顺利！"和"刘老师，真后悔毕业那天没有好好跟您说声再见，转眼十年……"发现没有，不聚焦、不创新、不特别、不走心……连问候都会废话连篇。有超过 80% 的人复制群发祝福短信，这和不适合创业的人所占比例大致相当。

我女儿两岁的时候，有一次我和她玩那种花花绿绿的识字卡片。我发现一个有趣的事，她每认出一个名词，都会自己再补充一句"干什么用的"。

这是什么呀？这是香皂，香皂用来洗手的。

这是什么呀？这是皮球，皮球用来拍的。

我灵机一动，问她，妈妈用来干什么的？

她回答，妈妈用来换尿布的。

又问，那爸爸呢，爸爸用来干什么的？

她想了半天说，爸爸是用来说"我爱你"的。

"我爱你",就是三个字,谁不会说?口口声声说爱你,可我竟然不知道怎么给你换尿不湿。这爱得也太敷衍了。

我经常说,我是一个中国汉字的重度爱好者。当一个词被用烂了,它的本来意义就被遗忘了。我们可以找另一个词来还原"爱"的本来面目,这个词是——慈悲。

希望别人快乐叫作"慈",怕别人痛苦叫作"悲"。慈悲,就是爱。

和"爱"容易混淆的是"喜欢"。喜欢是让我欢心,爱是让你幸福。我喜欢苹果,但不用爱苹果,喜欢未必爱。我不喜欢我的顾客,但我必须爱他们,爱无关喜欢。

灵魂深处的慈悲,可度一切苦厄;发自内心的爱,无坚不摧。借用经营之圣稻盛和夫的话来说,所谓创业的能力,就是"经营善的能力"。

爱,是一切的答案!

推己及人

把视野拉长一点,让我们来捋一捋人类的故事——这就是一个摆脱野蛮、奔向文明的过程。简单说,野蛮就是"抢",文明就是"爱"。我们也都知道"抢"是野蛮的,是不文明的,但现实的是"爱"很多时候根本就换不到"收益",若好人未必有好报,那谁还情愿白白去"爱"呢?

这个问题,无解。

回到历史,为了推动社会文明的进程,治疗"野蛮"这个顽疾,前辈先贤们各显神通,开出了各种各样的药方。有法律派的,发明了契约;有伦理派的,发明了荣辱感;有宗教派的,发明了天堂地狱……这些都不展开聊了。

单说我们的传统文化。道家的药方是,顺其自然,不表;法家,靠赏罚,不表;墨家,讲侠气,不表。其实对于我们普通人来说最简单可行的,还得是儒家。孔夫子给我们的方法是——想学习怎么爱人(或者叫培养同理心),要从爱自己的孩子开始,然后爱父母,爱兄弟,爱朋友,进而爱老乡以及天下人……能力越大,责任越重。

山顶破庙有三个人扮和尚。三个和尚没水喝，一个"和尚爸爸"，带两个"和尚儿子"，也就有了。

你知道药片外面的糖衣是谁发明的吗？据说并不是某某药厂，而是一个普通的妈妈。因为药片一般都很苦，小孩子都不爱吃。所以，这位妈妈就想了一个好办法，先把药片沾一下溶化的巧克力，再给孩子吃……

创业，不是创造产品，而是创造"发现"。发现，并不是比谁的眼神好，而是看谁能够把用户放在心上。

做让人依赖的产品，做让人追随的品牌，做让人想念的创业者……从"爱"起步。而"爱"，要从爱自己和爱家人开始，推己及人，兼济天下。

总结

如何成为一个适合创业的人？
爱，是一切的答案。

本章难点

我们为什么要创业？

不是因为当老板就能赚大钱，实际上创业的风险很高，成功率很低；也不是因为我们有什么特长或者祖传的秘方，不被人渴求的价值不是价值……让我们有创业冲动的原因只能有一个，那就是——发现了某些人的某一个还没有被解决的难题之后，眼见他们痛苦，我们忍无可忍，便攥紧拳头决定为了他们奋斗一生。

无以为报，他们只好用钱来奖励我们。本想做点事，没想到还顺便赚了钱，我们是不是也很开心？"钱是奖励，不是目标"，这是创业者应该，也必须拥有的价值观。

创业者的幸福，赚钱佬不懂。

就让我用这句话，结束这本小书吧。

悟时自度 / 刘耕

附录

人生的理想

——为什么会有这本书?

刘耕 2016 年 12 月 6 日

人,大约有理想主义和现实主义两种。

现实的人,盯住回报去做事,考虑的是要付出多大的代价能够换来多少回报……理想主义者,更关心一件事情到底该不该做,行所当行。至少在写书这件事上,我想做一个理想主义者。我已经想好了,这辈子就写这一本书得了,哪怕是要花上十年八年的时间,也要把它写好。至于它能卖掉多少册的事情,就随缘吧。多则淡然,少则泰然……

说说为什么想写一本书吧!我的理想到底是什么?

那是在小学四年级,有一次,老师让同学们谈谈自己的理想。同学们有说科学家的、医生的、警察或者老师的。其中最出丑的人就是我了——我记得,我很努力地说了半天,也没有说清楚。同学们还以为我在故弄玄虚,因为我之前有过很多标新立异的"前科"。

可能是因我讲得认真，老师似乎听明白了，并给我做了总结。

我问老师我的理想具体是什么，他说他也不知道。

为了这个理想，我做了很多很多的努力，其中也包括对它的描述。而恰巧的是，这些年，我也经常被人"好奇"自己的理想。

当我退学，有人问；
当我摘掉工作室的灯泡，有人问；
当我不去上班却跑去江边捡石头，有人问；
当我把所有的奖状和证书丢进茅房，还有人问；
当我把策划业务拒之门外，躲在家里乱翻书，又有人问……

而且，只是今年（2016年），谈及自己的理想就有十几次。

1

好朋友刘明建了一个品牌设计大咖交流群，我有幸混入其中。可能因我平时言行总是一副"晚年唯好静，万事不关心"的样子，再加上我"发型"的风格,有几个朋友在我们闲聊的时候开玩笑地问,老刘是不是快要出家了?见我没有什么反应,又有人问,他是不是不高兴了?

"谁对我好,我也没那么感动;有人欺负我,我也不那么生气。我乃是标准的滚刀肉。"我继续说,"但我暂时真没有出家的打算,我是'以出世的情怀,做入世的事业'。"

2

程棋,是一个刚刚毕业的大学生,在微信上和我讨论职业生涯的话题。我建议他把眼光尽量放远,站在死亡看人生……他问我,刘老师你怎样站在死亡规划自己的人生?

我这样回答他:"一个人不能只是追求又有钱,又有闲,还要赢得更多的尊重。一个人不缺钱,不缺闲,还必须要对他人有所帮助,成为对社会有用的人,这样他才能安心而自豪地闭上眼睛。童话里不是讲过吗?这世界上再也没有人提你的名字了,你才是死了。《道德经》里'死而不亡谓之寿'也是这个意思。"

3

年初，在CIID（中国建筑学会室内设计分会）五十专委成立的晚宴上，王严钧老师介绍到我的时候说："这个小光头叫刘耕，平时总闭关，不问江湖世事……"

我接过话来，补充道："差点让大家误会了，我不是真正的山林隐士。宫艺兵老师刚才在论坛上自嘲'入佛门六根不净，入商海狼性不足'。这句话我可以借用，我是用六根清净在商海里打滚的人。"

张红松老师看了我一眼："六根清净怎么在商海里打滚？"

我回答说："真正的淡泊，在奋斗的路上……淡泊不是把自己藏在山里销声匿迹，而是融入复杂的社会之后还能一尘不染。"说着，又卖弄起记忆力来，摇头晃脑地补充了一句："天之道，利而不害；人之道，为而不争。"并解释："人的价值终究是要体现在对他人的帮助上面，一个人的最高境界不是无求；而是去做但无求。但问耕耘，莫问收获……"

4

夏天，为了 EMBA 女创学院品牌文化的事，通过滕云霞和曹艳红两位老师的引荐，我和胡聪院长、刘广耀院长在哈尔滨见了一面。我们五六个人正聊着天的时候，胡院长突然问了一句："刘老师，你的理想是什么？"

我记得当时是这样说的："孔夫子教导我们，爱有差等，范围大小要看自己的能力。对于我来说，目前恐怕还不能发钱给别人。"

他们笑，我说了一段《菜根谭》里的话："士君子贫不能济物者，遇人痴迷处出一言提醒之，遇人急难处出一言解救之，亦是无量功德。"并解释说："不能给人钱，但可以给人其他的东西，比如我从书上学来的或者自己想明白的道理呀。理想谈不上，我最大的愿望，就是让更多人看到我的思考，并让他们的人生因我的思考而发生改变。这也是我坚持十多年分享'刘耕语录'的原因。"

"写了十多年？"

"对呀，最开始在论坛写，后来在 qq 空间，后来在博客，现在在微信朋友圈里写。"

这时候，滕云霞老师调侃我，说："世界上最难的两件事，把自己的想法装进别人的脑袋,把别人的钱装进自己的口袋。你想干这个事啊？"

我补充了一下："比这两点更难的，是帮助别人实现他的梦想。"猜想滕老师会问我打算怎么做，我便直接说了："据传，禅宗六祖惠能本是个文盲。他去拜师的时候，老师说，一个连字都不认识的野蛮人学什么佛法？惠能回答说，下下人，有上上智，老师怎么能看不起人呢？于是，老师便收了他。可见，人们常常是以'人'取'智'的，就连老禅师也不能幸免。如果一本书封面上印有比尔·盖茨的头像，就一定能卖得很好。但是，比尔·盖茨自己说，他的理念都是他母亲告诉他的。如果一个老太太站出来不表明自己是谁，猜想她说的话，大概是不会受到重视的。其实，我很想写一本不被人重视的书。"

接着，我又说："我说的话，自然是不如马云和董明珠有分量，但还是那句话，尽全力做是我的事儿，有没有人看，随缘就好了……"

"你是个理想主义者。"他们说。

5

谈理想，如果避开钱，那就太不老实了。

钱，是个躲不过的话题，而这个是我女儿问的。有一次在水源山游玩，她看上了一个粉红色的油纸伞。而我身上和往常一样没带钱——我是个经常不带钱，也不太会买东西的人。雨伞没买成，然后她就嘱咐我："爸爸，你下回一定要带很多很多钱！"

于是，我们坐下来，我跟她说了下面这些话——

爸爸不算有钱人，但足够让爷爷、奶奶安度晚年，也足够让你接受很好的教育……我们没有必要为了赚那些多余的"数字"而牺牲掉很多本应休息的时间、学习的时间或者出来玩的时间。

你看爸爸不挑吃不挑穿的，不是也挺开心的？爸爸身上经常掏不出请朋友吃饭的钱，但爸爸的好朋友还是挺多的呀？

你还记不记得《弟子规》里有句话叫"衣贵洁，不贵华"？不让人羡慕也是一种布施啊。

她问，那我们还是多一点钱更好吧？

我说："当我们想要给灾区捐点钱的时候，自己有钱是很重要的，如果我们没有钱，我们想帮助别人就帮助不了。如果我们只是为了赚很多钱，用到自己的身上、留在家里或者留给后代，那是没有必要的，因为这种钱反倒是一种灾祸。"

我继续补充:"并非为了自己活得好而拼命赚钱;而是为了让别人都能活得好,我们不能懒惰。所以说,利欲熏心是不对的,不问江湖世事也不可取。只有成就别人、淡泊自己才是对的。"

我说得认真,她只有 6 岁,恐怕是不太懂的。

6

前几天,在武汉策划"平头牙匠"的项目,章总送我去机场的路上,也问到了我的理想。

我这样回答他:"去影响再多的清洁工,对社会的贡献也是有限的;只有去影响更多企业家才是一个读书人最好的选择。"

他又问:"企业家最需要什么?"

我说:"肯定不是经营、管理的能力;而是理念和精神境界,是价值观,也可以说是文化。"

他不语，有可能是点头了，我没看见。

并不是我不知天高地厚地觉得自己很有文化了！我所知道的，也都是从前人那里学来的。只是，在学有所用、用有所悟之后，我不由自主地就有了想要说给更多人的念头——

或可叫作"传承"。

这就是我的人生理想。

他经常做三个梦:
跟李白喝酒,跟东坡吃肉,跟刘备讨论天下大事——

"放牛娃"不走寻常路

黄牛
原载《创业天下》2017年第10月号,有删减

用《佳木斯广播电视报》特约记者王智君的话说：找北京的专家来佳木斯讲学是正常的，但北京 EMBA 总裁班请一个佳木斯人做品牌战略顾问，这就奇了；佳木斯的商家跑去深圳找人做策划，是一件正常的事，而深圳的商家来佳木斯找人做策划，就显得不寻常。

他是佳木斯的刘耕，一个放牛娃出身的策划界传奇。

16 岁之前在放牛

刘耕出生于黑龙江巴彦县华山乡少陵村。从小就喜欢诗词、书法、画画，还有大自然。

因为家里穷，刘耕初中没念完就辍学了。父母就让他放牛去。1998年夏天，刘耕已经16岁了，他依然在放牛。

这天，邻居的小伙伴儿跑来告诉他一个好消息，佳木斯三江美术学校正在招生。可是，当了解到一年学费5000元，三年需要15000元的时候，他犹豫了，很失落。刘耕家里耕种10多亩土地，一年到头的总收成还不到10000元钱，净收入不到3000元，而且他哥哥还在上学，哪有那么多钱供刘耕去学美术？

不过，母亲下了决心，砸锅卖铁也要供儿子上学去，决不能让儿子放一辈子牛。当年9月，刘耕拿着父母借来的学费，走进了佳木斯三江美校。

在三江美校的学习如鱼得水。但是，刘耕心里清楚，他的第一年学费是家里借的，接下来的学费还让家里借吗？刘耕抓紧时间对后面的课程进行了自学。

他提出"设计师要给客户当老师"

刘耕常想，自己都18岁了，应该替家里分担了。在2000年快要放暑假的时候，他离开了学校，要去打工，在找工作之前，他做了充分准备，把以前在家写的、画的，还有在学校里创作的东西，挑了出来，夹到一个大文件夹里。他第一次找工作，去了一家广告公司。广告公司的沈老板看了他的资料，一下就相中了。再往深里一聊才知道，刘耕喜欢读书，还有满脑子奇特的创意和想法。沈老板很是欣赏他，马上拍板：你明天就来上班吧。

刘耕诚实地说:"但是,我不会用电脑。"

沈老板一扬手:"电脑是用人脑来支配的,就你这聪明劲儿,一学就会。"

谈好了工资,可是刘耕第二天并没有去上班,而是去尝试寻找赚钱更多、更快的活。一个月后,他竟然在路上遇到了沈老板。沈老板询问怎么回事。刘耕说,家里为供他们兄弟上学,已经欠了2万元的外债。沈老板当即表示,可以把两年的工资提前预支给他,这样就不用为这个难题发愁了!

刘耕上班后大显身手,仅仅利用5个晚上自学就基本会使用电脑了。工作中,每个活儿他都用心构思,并能融合自己多方面的特长,非常受顾客的欢迎。

刘耕说,没有野心就不是年轻人了。不久刘耕看中了佳木斯最大的一家印刷企业,他想好了,要去那里展示自己的才华。犹豫再三,他跟沈老板说了心里话,沈老板虽然舍不得,但还是希望他飞得更高。这位贵人说:"你往高处走,我支持。考虑你家庭现在的情况,那些钱你也不要挂在心上。也希望你有空经常回来。"

刘耕愧疚的同时也非常感动。2001年4月,刘耕推开了那家印刷企业的门,见到这家企业的刘老板,这个初生牛犊居然开门见山道:"我看过你们印刷的一本书,那书的装帧设计创意平平。"

刘耕是有准备而来，当场从怀里掏出那本书，并且把自己的创意和设计方案说了一遍。刘老板惊呆了，眼前这个年轻人，不可小觑呀！他不仅指出问题，还给出解决的办法。刘耕第二天就去新单位上班了。当天就出手不凡，设计了一个大活儿，充分展现了他多方面的才华，客户十分满意。

刘老板喜出望外，她把刘耕叫到办公室，敞开心扉对他说："这回咱企业可有了顶梁柱，我啥大活儿都敢接了。明天你不用和其他员工挤在一起了，给你腾出个单间，再配备台大电脑！"

据说在刘耕没来之前，印刷企业的工作人员都把顾客当上帝，顾客说咋整，就咋整。顾客往往善变，设计师没有发言权，任其"为难"，严重影响了工作效率。

刘耕的才情、自信甚至少年轻狂，似乎为设计师们出了口气，更重要的是以实力扭转了被动局面，他提出了"设计师要给客户当老师"的理念。前来做设计的顾客如果是想好了设计方案，刘耕不嫌麻烦，以高度负责的态度帮助"丰满丰满"；如果顾客没主意，刘耕就帮助顾客梳理思路，拿出自己的见解。不管哪种，都要先和顾客达成一致，可谓有礼有节。看似是傲骨的表达，其实是更热心更专业的服务。然后再签合同、交钱。没一会儿工夫，刘耕的设计就完事儿了。

刘耕的工资因此涨了又涨，拿到的红包也越来越厚。当年的年底，他就攒够了2万元，赶忙去还了沈老板的钱。

沈老板真是个大好人，他笑呵呵地说："我这也不缺这些钱，等你什么时候挣了大钱，特别宽绰了再说吧！"多年后，直到刘耕买了房子，娶了媳妇，当了爸爸，沈老板才肯把钱收下。

创业如创作，神人遇贵人

刘耕在那家印刷企业做设计师，干了有大半年的时间，得到了客户的广泛认可。

这个时候，不按牌理出牌的刘耕又有了自己独自创业的念头。他向刘老板表明了自己的想法。刘老板感到很惊讶，开始想挽留，但再三考虑之后说，一直拿他当亲兄弟看，所以应该支持他。

他有一颗自由奔放的心。

转眼就到了 2002 年 3 月，创业虽然如创作，可是也得有个地方啊，刘耕到处找房子，真找到一个合适的，房子有 100 多平方米。因为房主没在，他留下自己的特殊名片——上面除了姓名、联系方式，还有他的个人语录和创业故事。创业故事相当励志，介绍了自己是放牛娃出身，还有求学和打工的经历，因为年轻，有更大追求和抱负，盼望各路好汉和长辈多支持帮助……

房主姓彭，是一家商贸公司的老总，他看了刘耕的特殊名片，很是好奇，他给刘耕打电话要立即见面。见到刘耕一聊，姓彭的房主说："你是想干正事的年轻人，你就好好干吧。房子白给你用，算我支持你！"

是不是贵人总是垂青感性的文艺的年轻人？刘耕就是有这么好的运气。他觉得，免费的人情太重，所以一再推辞，彭总做了让步："这孩子，你要非给钱的话，就一年给我1块钱吧！"

这1块钱租的房子，刘耕一用就是两年。

创业初期，20岁的刘耕还是以承揽包装设计的活为主。没有客户，他带上自己的"创业故事"，走街串巷散发。当年《三江晚报》也对他20岁创业的事迹进行了报导。慢慢的，他的名气越来越大了，活越来越多，设计费、身价也水涨船高。

（见插图：2002年，刘耕在《三江晚报》留下的印记）

可就在这时候，谁也想不到，刘耕隐居了。他不仅不去发传单，还拒绝了一些订单。

随性洒脱的他又在玩什么人生创意？

这期间，刘耕除了给女儿讲故事之外，也偶尔去大学讲讲课，但最主要的是，他想要宅在家里过上"读书破万卷"的小日子。从2006年到2014年，刘耕看过的书装了两大麻袋。书的种类可全了，除了他喜爱的艺术之外，还有历史、哲学、文学、市场营销以及企业管理等等。

我的理解是，他在休耕，在修身养性，在放空自己，在修习。

2002年,刘耕在《三江晚报》留下的印记

果然，他在接受记者王智君采访时说，把拳头收回来，是为了打出去更有力！

业务多了，生意好了，对自己的能力却越来越不满意，没有更大的突破，似乎进入了创作瓶颈。如何突破，他选择了汲取更广泛的知识，跨界学习，博览群书。另一方面，他又说："在孩子小的时候，忽略了对她的引导和陪伴，老了怕是会后悔的。"这期间他还写了近百篇跟女儿有关的随笔和诗词，成了文艺爸爸，这让刘耕有了幸福满满的感觉。

转型，借策划卖文化

2014年7月，一位开饺子馆的商人经人推荐找到了刘耕，请刘耕设计产品外包装。在设计过程中，他与客户有深入的交流，了解到这位客户为了宣传自己的连锁店，安排人到各地发广告，但加盟者依然寥寥无几。

刘耕当即为客户出了个点子："你能找我刘耕是因为别人的介绍，而不是看见了刘耕的广告，如果你能在外地人聚集的汽车站附近开个生意红火的样板店，口口相传，也许会起到比广告更好的效果。"这话一下子点拨了商家。那位老板回去按照刘耕说的做了，据说现在火得不得了，加盟店开到外市县，到年底就达到了50多家，加盟费也赚了几百万。

刘耕自己也由此受到启发，他认真地总结过去："其实设计能给企业带来的价值没有那么大，自己却一直以此为生计；策划往往能给企业创造巨大的效益,自己却一直都把它随手送人了。真是丢了西瓜捡了芝麻呀!"

从此,刘耕决定转型升级,打出主营策划的招牌,并提出了"大文化主义品牌建造"的理论体系,对品牌进行以植入灵魂、融入文化为基础的全案包装和营销战略策划。多年的"寒窗苦读"派上用场了!

他的"隐居"结束了,重新出山,也不低调了,在2014年11月9日,先是以一篇《一个不可救药的设计师》在设计圈里炸开了锅,然后又接二连三地在他的自媒体"田间歌者"上撰文宣扬他独特的策划理念,以及他策划的成果。短短两年,随着策划作品的影响力越来越大,他的策划费也陆陆续续地从几万提高到了几十万。

工作室不装灯泡的人

有位开汽车4S店的女老板,年纪大了,在杭州买一栋别墅,准备在那儿颐养天年。她发现一个奇怪的现象,杭州有很多上班族,每天的工作餐就是捧着盒饭干吃干嚼,作为母亲的她看了心疼。因此,她想开一家像样的营养粥快餐店,挣不挣钱都没事儿,让年轻人吃得好,吃得健康才是正事儿。在她创业准备的过程中,竟然有好几个人都跟她提到了刘耕,她很好奇佳木斯会有这样一个能人,于是,打"飞的"就过来了。

刘耕从她善良的动机开始切入,再到精神,接着具体到关怀,从关怀又提出了坚持……对之进行了"大文化品牌"全案策划和设计。这间粥铺就有了"31 天"的名称。围绕着"懂你 31 天，关怀不打烊"的主题，完成了包括创业故事、歌曲、电影脚本、语言和行为规范等在内的一整套品牌包装策划和设计方案。女老板拿到理念、文化和视觉三个沉甸甸的大本子，如获至宝。

就这样，通过网络传播和口口相传，刘耕的策划声名鹊起。宋老板是留韩博士后，在深圳从事医疗整形行业，发展过程中遇到了瓶颈，读了刘耕的一篇《策划人手记》，他满怀期待来佳木斯找到刘耕。想不到，来的不是时候，赶上刘耕已经收了两个商家的钱，于是，让宋老板排号到三个月以后。刘耕说，自己一个月只能干一个项目。宋老板给出高额的策划费，希望刘耕能挤一挤时间。没想到，刘耕还是按先来后到的原则排序。

刘耕说，自己从来不加班，让工作给学习和休息让步，其实也是对策划负责、对顾客负责。他是"全球唯一"工作室不装灯泡的人，他认为出作入息、晴耕雨读才是正确的活法。

2016 年 7 月初，北京 EMBA 云商学院胡院长找到一名哈尔滨的学员，这名学员姓曹，开了一家设计公司。胡院长想请她给学院的女创总裁班做个 LOGO。曹老板说："如果是个小项目我就安排人做了，这么大的事，可不能马虎。干不好我绝对不能瞅着，我可以帮胡院长找一个奇人，这个人才华横溢，目前隐居在佳木斯。"

曹老板也是通过刘耕的作品才认识他的。很快，她联系到刘耕。当时刘耕说了这样的话："不是设计 LOGO 那么简单，LOGO 的背后还要有文化和精神内涵，我必须要和决策人见面详细沟通才行！"

7月8日，刘耕和胡院长在哈尔滨见了面。两位高手一交流，马上碰撞出火花。惺惺相惜，相见恨晚。他们从 LOGO 设计谈到了文化，又谈到了更深层次的精神领域。胡院长表明"女创"实际上是要打造一个社群品牌，而"女创"的精神就是先让所有的学员能够"做幸福的自己"。

幸福才是终极目标。胡院长又突然问刘耕，怎么理解幸福？刘耕打开了话匣子，最后总结道："幸福的根源其实是心正。"

胡院长非常吃惊，他说："我们正请北大的高贤峰教授创建'女创'的'正心学说'理论体系，你刚才说的竟然和'正心学说'的核心思想一模一样。"英雄所见略同。

胡院长坐不住了，他起身对刘耕说："这样，刘老师，看来你只给我们设计 LOGO 是远远不够的，我请你给我们'女创'做大文化品牌战略顾问，在不影响你学习和休息的情况下，请你尽量多给我们一些帮助。"刘耕欣然接受。

这位策划界黑马自带王者风范，却也有着"放牛娃"的随性、自由的灵魂。漫山遍野地走，这很重要，策划就是创作，要有个性，有情怀，要与众不同，要率性……

他经常做三个梦：跟李白喝酒，跟东坡吃肉，跟刘备讨论天下大事。高处可拿云，低处看见牛吃草。

摘抄

利润,是对创新的奖励。

——摘自第一章"创",007 页

如果仅仅把知识像保存到 U 盘里一样存在我们的脑子里是没有用的。

——摘自第一章"创",009 页

合适的烂知识,胜过不合适的好知识。

——摘自第一章"创",014 页

未完成的使命叫使命;已完成的使命,叫作墓志铭。

——摘自第二章"业",040 页

去亲吻失败者的眼泪,而不是成功者的唾沫星子。

——摘自第二章"业",053 页

没有机遇,才子不如狗;但是如果不努力,机会狗屎不如。

——摘自第二章"业",056 页

定战略,就是在"一切皆无可能"当中去寻求那个最有可能的"一线生机"。

——摘自第三章"第一步",060 页

是水生产了船,而不是造船厂。

——摘自第三章"第一步",061 页

自己能,同行不能,但用户不需要。这叫"屠龙之技",叫扯淡。

——摘自第三章"第一步",062 页

做品牌,所有的努力都是为了与众不同——为了给你的,别人给不了;为了给你的，别人用不上。

——摘自第三章"第一步"，070 页

品牌不是多数人的可选项，而是少数人的必选项。

——摘自第三章"第一步"，071 页

没有经过细分的用户是大家的用户，细分之后的用户才是我们的用户。

——摘自第三章"第一步"，075 页

优化是大企业的权利，颠覆是小品牌的机会。

——摘自第三章"第一步"，080 页

人们在选择一个品牌或者购买一个产品的时候，并不是先考虑其特色或优势，而是先摸自己的钱包。

——摘自第三章"第一步"，081 页

定位定天下，定价定生死。命都没保住，还要什么天下？

——摘自第三章"第一步"，084 页

当我们想要认真地去帮助一个人的时候，我们会帮到一类人；当我们想要帮助一类人的时候，我们谁都帮不到。

——摘自第三章"第一步"，091 页

不要指望消费者有意愿并且能记住一个品牌所有的优点，除非我们的品牌是在他被窝里长大的。

——摘自第三章"第一步"，102 页

商业竞争不是发生在企业之间，而是发生在消费者的心里面。

企业自己创造的竞争力，一脚就能踢翻；而消费者一旦认定你能做什么，并形成了认知，九头牛也拉不回来。

——摘自第三章"第一步"，114 页

别人不知道的事实约等于没有，认知就是事实。

——摘自第三章"第一步"，114 页

跟牛沟通得用草，不能用琴。

——摘自第三章"第一步"，119 页

好的表达，不是帮自己说，而是帮对方听。

——摘自第三章"第一步"，135 页

描述自己的优点，不如描述用户的痛苦。

——摘自第三章"第一步"，137 页

品牌表现没有重点，就像一个人没有脸，"脸"之不存，"气质"焉附？

——摘自第三章"第一步"，150 页

形象设计是为了与众不同，而不是为了与人相似。

——摘自第三章"第一步"，156 页

不要让超级棒的产品，看起来却像个土鳖。

——摘自第三章"第一步"，163 页

给品牌打上"标签"，就是给品牌下个定义。没有被定义的品牌，像风里的灰尘一样多，一样渺小。

——摘自第三章"第一步"，175 页

一切成功都是思路的成功，一切失败都是决策的失败。

——摘自第三章"第一步"，176 页

在现场被消费者挑选出来的都叫散货，在家里躺床上就决定购买的才是品牌。

——摘自第三章"第一步"，181 页

产品不被注意,再好没有意义。

——摘自第四章"的",191 页

如果你也有一个无能为力的缺点,也可以试着把它变成自己的特点。

——摘自第四章"的",197 页

我不出丑,别人哪来的谈资?

——摘自第四章"的",198 页

大家一起奔跑,掉头的是冠军。

——摘自第四章"的",199 页

"自嘲"已经去周游世界了,"尊严"还在盯着自己的脚镣。

——摘自第四章"的",201 页

我们总是在自吹自擂上伤神太多,在体贴用户上用心不足。

——摘自第五章"前1步",209 页

那些体贴用户的广告奏效了,只顾着夸奖自己的浪费了。

——摘自第五章"前1步",213 页

品牌策划,不是让企业活得轻松,而是让企业在正确的地方难为自己。

——摘自第五章"前1步",214 页

创业,不是创造产品,而是创造"发现"。

——摘自第五章"前1步",219 页

并非为了自己活得好而拼命赚钱;而是为了让别人都能活得好,我们不能懒惰。

——摘自附录,232 页

墨梅 / 刘耕

致谢

首先要感谢曾经读过的那些书，感谢那些素未谋面的伟大的作者，为我提供了源源不断的精神食粮。

感谢所有服务过的创业者，感谢他们给予信任，为我提供施展"手艺"的舞台。

感谢哈工大出版社李艳文副社长，感谢她给我信心，让我坚持把这本书写完。

还要特别感谢一位兄长——宋任强。在我19岁刚刚准备创业的时候与他结识，那时候他已经拥有了丰富的经济学知识和创业经验，是我商业思想的重要启蒙者。

还有三江美院创办人、院长，教育家王英海先生，无论在求学期间还是工作以后都对我照顾有加。

胡聪、王严钧、王成刚、于志刚几位仁兄对这本书的出版非常关心，特意邀请了几位行业大咖对本书进行审阅，并且给出了过誉的评价，令我非常感动。对所有给本书加油助威的老师表示由衷感谢。

感谢父亲、母亲、妻子、女儿、哥哥及所有家人的支持。以及对我本人和这本书有过帮助或影响的贵人们——沈勇、刘红艳、彭泽勇、曹艳红、滕云霞、王严民、咸阳、王晓东、马嘉、张晓东、戴子良、王贵生、董然、季龙江、朱德峰、马世伟、马彦辉、夏莹、张雪飞、张广勤、王美林、王明鉴、孙仕昌、马鸿飞、李月贵、白志军、栾金广、杨本利、张喜茂、姚宝山、李平、刘卓、罗西、孙代君、沈艳玲、吕品、谷莉、王长玲、云泥、刘禹宏、张殿明、肖彦、尚飞池、麻名康、李强、庄艳平、刘殿生、玄红、程明杨、刘辉、李红、谷建营、王超群、马群、吕翠微、王庆武、邢晗、吴昊、孟桥、王乃鹏、崔纯宝、周遵岩、陈绍禹、年海、王海龙、银铃、俞翠、演觉（華林）、刘云峰、姜喜东、张楠、蔡正茂、李宏伟、白强、王智、杨冰、刘兴权、倪佳、高俊岩、张超、勾军、段朝岭、王英才、孙彦东、张忠安、高新、李勇、高富荣、管军、谭志斌、杨贵明、王博、杨佳田、孙绘北、孙宇罡、董勇贤、付巍、张庆丰、孙凤有、王勇、老风、张晓坤、丛丽芳、黄月平、唐纪文、张驰、张红松、陈松、宫艺兵、王建学、林晓奇、李国志、国艳玲、魏聃、魏宏岩、李艳梅、李忠、郭＋、孙宝林、李颖、张俊、穆传庆、王瑞琪、高来霞、肖明秋、温挺毅、赵景源、郭桂秋、叶子、曹浩、于庆轩、董向军、万先英、井海龙、曲东、李国栋、魏冬、张洪涛、修旭光、迟林明、薛海秋、辛宜潼、杨东方、张容默、王志雷、赵成勋、赵明洪、赵军、杨秀茹、姜树波、刘伟中、王成岩、韩立邦、崔雁山、张镭、王大刚、王国岭、曹议之、李长鹤、董良文、武淑华……一并感谢！

感谢每一位读者，愿意花钱购买并花时间阅读我的文字。

感谢每一位喜爱这本书的人。

感谢认真批评这本书的人。

期待本书再版能有您的参与，请把意见通过豆瓣、微信读书或"品牌学社"公众号告诉我吧。谢谢。

刘耕　2022年2月9日

此地一为别,孤蓬万里征……